「分派」と呼ばれた男

“新日和見主義”事件と、日本共産党改革案

久保護

まえがき

今から四〇年以上前に日本共産党（以降共産党又は党と呼ぶ）において新日和見主義と呼ばれている事件が起きた（以降一九七二年問題、あるいは事件と呼ぶ）。

その事件は、日本民主青年同盟（以降青年同盟と呼ぶ）を中心として多くの分野で起きた事件である。日本共産党七〇年史（上巻四三八頁）では次のように述べている。「七二年五月広谷俊二らの「新日和見主義分派」が摘発された。かれらは、党と同盟に隠れて民主青年同盟中央委員会内に反党・反同盟の分派を組織し、民青同盟にたいする党の指導に反対して、民青同盟を党に対抗する反党分派活動の拠点に変質させようとした」。

四十余年という時間の経過と共に、共産党の組織と党員の中において事件が風化していくことは避けられない。更に、共産党は二〇〇三年『八〇年党史』を発表、その中で事件についての記述を全面的に削除した。それによって一層、党員と組織の中からは事件そのものが葬り去られようとしている。事件を知らない党員も少なくない。

その一方で、高齢者党員（党歴も長い）はそれを語るか語らないかに関わらず、全党を揺るがした事件として忘れられない体験を持っている。年齢によって分派グループと一緒に疑われ、多くの中央・地方の幹部が一括処分された。事件によって処分された者にとっては、人間的尊厳と党員としての誇りが傷付けられ、人生の大転換を迫られた忘れるにも忘れられない事件であった。

青年同盟は共産党の指導を受けることを明らかにし、その強い影響下にある組織である。当時は二〇万人を超える、日本の青年組織の中でも大きな存在であった。組織の中央委員は一〇八名おり、その中の三〇名が事件で処分された。

この事件について現在まで数冊の本が出版されている。本書でそれらとの重複を避けることは難しいが、極力、自分の身体と頭脳に去来する問題意識を主体的に整理したつもりだ。

私は分派グループにつながる者として処分を受けた一人であり、当時青年同盟の中央委員、兵庫県委員会の副委員長を務めていた。私は三二歳であった。

本書で取り上げるのは、主に以下の二点である。

第一点は、日本共産党中央委員会は、事件を解決済みとして対応、事実上無視し続けている点。少なくない党員から見直しを求められているにもかかわらずだ。

この事件について次の書籍が出版されている。

川上徹『査問』（一九九七年）
油井喜夫『汚名』（一九九九年）
油井喜夫『虚構』（二〇〇〇年）
川上徹／大窪一志『素描一九六〇年代』（二〇〇七年）
油井喜夫『実相』（二〇〇八年）
油井喜夫『総括』（二〇一〇年）

その評価はここで語る場所ではないので省略するが、共産党は無視し続けている。何故無視し続けるのか。公党として、民主主義を何よりも大事にすることを主張している党としてこれでいいのだろうか。

事件のあった一九七〇年代初頭、「大量生産」「大量消費」「大量廃棄」と表現される日本経済の高度成長が頂点に達した時期に、共産党の党勢は頂点を迎えた。結党以来五〇年、党員三〇万人、『赤旗』発行部数三五〇万部、衆議院議員の議席は三八議席に達していた（一九七九年第三五回総選挙では四一議席を獲得）。

しかしその後、一九八〇年代、一九九〇年代、二〇〇〇年代、そして今日まで、この水準を超えることは一度もなかった。青年同盟の人員も、今日では当時の一〇％程度と聞く。客観的な情勢の変化だけでは、この衰退ぶりの説明にはならないであろう。

事件が共産党組織と若い党員に与えたショックは計り知れない。又、思想的、精神的影響は組織にも深い瑕を残したのではないか。私自身も、処分を受けた一人として、党中央への批判を抱くとともに、ダメージを与えてしまった党と青年同盟の活動家の皆さんへのお詫びと反省の気持ちを持ち続けてきた。今まさに、私も人生を終える時を迎えている。それもこの執筆を急がせた理由でもある。党は一九七二年問題を何故無視し続けるのか。私は改めて共産党に問題解決への行動を求めたい。これが執筆動機の一つである。

第二点めは、共産党への批判と提案を行うことである。処分された者の一人として、この事件の前向きな解決方法が無いものか、長い間悩み、苦しんできた。最終的に辿り着いたのは、共産党の外から、党への批判と党建設についての提案を行うことであった。その作業の中で、事件の原因とその後の党建設における課題には、共通する官僚主義と党内民主主義の重要なテーマが横たわっていることを、改めて感じた。これが私の到達した問題意識である。

私がどこまでこのテーマに迫れるか判らない。過去に二度、自らの生を再生していくための著述を経験しているが、今回のテーマは、自らに降りかかった問題という点では前著と違いはないものの、自らの思想的理論的水準を問われる課題である点が大きく異なる。自主的理論の構築という意識と勇気を持って踏み出す姿勢が求められる。この拙い文が幸いにも世に出た時、心密かに期待する読み手は、当時の仲間たち、将来性のある青年たち、さらに共産党の幹部の方々である。

人生をまもなく閉じる時期にこのような書の執筆を試みることは止めた方がいい、もっと別のことにエネルギーを使ったほうがいいという意見も貰ったが、終焉を迎える時だからこそ、私には避けられない課題である。最後まで読んで頂ければこんなに嬉しいことはない。

＊目次

第Ⅱ部　日本共産党への提言

第Ⅰ部　〝分派〟と呼ばれて

1

“一九七二年事件”は党からの申し入れをめぐって起こった事件である

一九七二年、共産党は青年同盟の「年齢引き下げ」を提案した。青年同盟の年齢制限を、二八歳から二五歳に引き下げる提案である。その背景には、党の二つの決議が大きく影響している。

その一つは第一〇回大会第九回中央委員会決議（一九六九年三月）「強力な青年運動と強大な民青同盟を発展させよう」。もう一つは第一一回大会第六回中央委員会決議（一九七一年一二月）「民主青年同盟に対する指導と援助の問題について」。ここは共産党と青年同盟の歴史を語る場で無いので詳細は省く。ただ一点だけ理解を得ておきたいことは、共産党が青年同盟を指導することと一般の大衆組織を指導することとは、明確に区別されなければならない点である。青年同盟は、「共産党の指導を受ける」と明文化された組織であり、創設された一九二三年からの長い歴史がある。青年同盟の歴史の節目節目に繰り返し決議され、指導が貫かれてきた。

前者の決議（第一〇回大会第九回中央委員会決議）は、青年同盟の活動方針の重点について、労働組合青年部を強化することが青年戦線の統一にとって欠かせない課題であることを明確にしたところに特徴がある。後者の決議（第一一回大会第六回中央委員会決議）

は、青年同盟の活動内容と活動改善について、党から青年同盟への指導改善等、従来に無い内容の決議となった。そこには、「学習すること」、「一般的教養を身につけること」という文言が満ち溢れている。党の最高幹部は、青年同盟の活動の六割位を学習が占めるのがいいと、別のところで語っている。こうした考え方は、従来の青年同盟の活動を大きく変えていったことは当然である。

青年同盟の年齢制限問題はこのような共産党の決議を背景として提起された。当然、青年同盟の規約に関わる年齢制限は、青年同盟自身が決める問題である。よってその取り扱いは、青年同盟の中央委員会の党員会議（グループ会議と呼ばれていた）で検討されることになった。

グループ会議では、党の提案に対して、発言者の全員が反対の意見を述べた。二〇万人の青年を擁する組織の反対表明は、党による指導体制に重大な支障を生む。青年同盟の中核は三〇歳前後の幹部で構成されており、二五歳で線引きすれば、対内的には指導の力量が著しく後退し、対外的にも労働組合青年部との連帯が後退し弱まる弊害がある。当時の労働組合青年部の幹部は、三〇歳を超え一定の経験を積んだ幹部で占められていた。彼らとの対応において、今まで積み上げてきた青年戦線の到達点を維持していくことへの懸念が生まれるのだ。

グループ会議には党中央の幹部も出席していた。彼らは、全員一致の承認を想定していたかどうかはともかく、少なくとも年齢制限提案は承認されるものと想定していただろう。あまりの反対意見の強さ、多さに慌て、彼らはすぐさま党の最高幹部、宮本委員長に報告する。その直後、委員長の「分派がいる」の一声によって、われわれの拘束、監禁、査問、自己批判が始まったのである。あるものは三日、ある者は一週間、拘束され自己批判書の提出を求められた（当時青年同盟の中央委員会副委員長I氏の「還りきし暦の足跡　遺し文」（一九九五年）より）。

私も査問を受けた。当時を振り返ると、党への曇りのない忠実性、誠実性、そして党を守るという党派性によって、自己批判を受け入れた。東京の共産党本部での査問と自己批判が終わり、地元神戸に帰る電車の中でN県委員長（故人、私は副委員長）と交わした言葉は、「これで又活動が出来る」という喜びの言葉であった。心身ともに疲れ果ててはいたが、この言葉に表れている思いが二人を支えていたのは確かであった。しかし、神戸で待っていたのは、そんな言葉を弾き飛ばしていく厳しい処分であった。党員権停止一年、青年同盟中央委員解任、同兵庫県副委員長解任、解任後の就職先として民主団体への入職は禁止された。私が最初にしたことは、義兄にお金を借りて自動車の免許を取りに行くことであった。そして、手にした仕事は不動産会社のアルバイト、手当ては日給二〇〇〇円であった。自宅のあるアパートはいつも公安の監視の目が向けられていた。N君に至っては、公安から「いつでも就職の世話をする」と言われたと、彼本人から聞いた。

この事件は、実に多くの問題をさらけ出した。

その一つは、最高幹部のたった一声で、一斉の拘束、監禁、査問そして自己批判を要求するに至る点。そんなやり方の何処に、人間性や民主主義を大切にする姿があるのだろうか。私がこの事件の総括を行う決断をする根拠は、この一点が大きく関わっている。日本社会の変革を志す党であるならば、多数者の支持を獲得するためには、疑惑・疑念があったとしても、一人の人間を人間として扱うことが出来なければならない。党の組織内でも、党員が生き生きと活動出来なければならない。改めて党内民主主義への大きな疑問が湧いた。

二つめに、党中央が自らとは異なる意見を受けた時に、査問とは別の方法を発想することができなかった点だ。当事者として責任を負っている青年同盟の中央役員が、年齢引き下げに強く反対したのだ。提案者の思惑とは異なった意見ではあるが、多数者が反対している状況なのである。仮に「分派活動グループが暗躍している」という認識が党中枢の幹部にあったとしても、一連のやり方は容認できない。私は十月社会主義革命を指導したレーニンを思った。彼ならどうしたであろうか。もっと違った方法、問題の重大性が高ければ高いほど慎重に全党の英知を結集する方法を探ったように思われてならない。ところがここに表れているのは、指導者の精神的抑制力の低さ、党運営の未熟さ、ひっくるめて一口に言えば官僚主義そのものである。青年同盟への本質的理解の欠如を露呈したと言わなければならない。思いたくないがこれがこの党の水準である。

三つ目は、前項の問題点と重なるが、分派活動グループもそうでない地方の幹部も十把一絡げにして拘束、監禁、査問を行った点である。その処分は「党員権停止一年」がほとんどであった。事件の発端は青年同盟がその端緒になったが、労働界、婦人分野、民主的な諸団体に波及し、調査された党員は三桁に及ぶ。この事件の広がりは、党史上かつてない規模のものであった。

これらの問題について私見を述べる前に、共産党にとっての青年と青年同盟について考えてみたい。これは古くて新しい問題だ。青年と青年同盟についての認識の違いが、事件の根底に流れていると私は考えている。

＊**分派活動**：政党の内部でその綱領や方針と規約に反対して自分たちの方針や政策を持って活動する派閥的グループ。「分派」の他に「フラクション」があるが、これは一般的には「分派」よりもさらに小さなグループをさす言葉。政党・大衆団体組織の中に別の政綱を持ち、ある程度門戸を閉ざして自分たちの規律を作り出そうと努めるグループのこと。

日本民主青年同盟（青年同盟）とは

1923年4月、共産主義青年インターナショナル（キム）の日本支部として日本共産青年同盟が創立される。創立委員9名、委員長川合義虎21歳。同年起きた関東大震災に乗じ国家権力によって「主義者が内乱を起こしている」「朝鮮人が暴動を起こしている」というデマがふりまかれ、数千人の朝鮮人が殺される。青年同盟も委員長の川合をはじめ8名の労働者が逮捕、極秘の内に虐殺された（亀戸事件）。非合法化された共産青年同盟に代わって合法的な無産青年同盟を1925年に設立、1933年まで活動する。

機関紙『無産青年』が発行されていたが、第149号を最後に停刊。度重なる弾圧にも屈せず、反戦と平和、労働者のストライキ、農民運動、選挙活動、文化サークル・ピオニール（少年少女の組織）等多面的な活動を行ない、工場・農村・学園のなかで粘り強く闘う。一つの活動の例として五大要求運動を紹介する。

①18以上に選挙権を！　②政党加入、討論、集会、結社、出版の自由の獲得！　③一年兵役制の実施　④青年団、処女会への当局の干渉撤廃　⑤恐慌による労働条件改悪反対（こうした闘いの中で同盟員数千名を獲得）

青年同盟は、労働者階級の立場に立って人民の民主的課題解決のために闘う、青年の全国的大衆組織である。青年同盟は労働者階級を中心とする青年の統一戦線の中核をめざす。青年同盟の基本的任務の一つはマルクス・レーニン主義を学ぶことである。

今日の青年同盟は、この革命的伝統を受け継ぎ、1956年に名称を日本民主青年同盟と改め、1960年第6回大会で組織の基本的性格を決定する。

第6回大会は、その後の飛躍的前進の土台となる大会となった。とりわけ60年の安保闘争は、三井三池炭鉱の合理化反対闘争と共に、同盟の飛躍的前進を遂げた闘争であった。

「72年事件」の起きた1970年代は20万人を擁する大きな組織に成長。共産党の指導のもと、闘いの中で学び、成長し、科学的社会主義を身につけていく組織である。

2

共産党にとって青年および青年同盟とはどんな存在か?

事件から半世紀近い年月が経った。客観的に見るには十分過ぎる年月である。青年および青年同盟についての共産党の基本的認識についても、その位置づけを改めて考えてみることは、大変重要ではないか。それが事件をより深く把握することに繋がるに違いないと考えるからである。

かつて十月社会主義革命の指導者レーニンは、青年に対して数多く語りかけてきた。その言葉を引用してみよう。

その① 一九一六年社会主義的青年組織の機関紙掲載論文より

青年は必然的に彼らの父親たちとは違った仕方で、違った道によって、違った形で、違った状況の下で、社会主義に近づいてゆくほかは無いのである。これは、われわれが青年同盟の組織上の自主性を無条件に支持しなければならない理由の一つであって、日和見主義者がこの自主性を恐れているからだけではなく、問題の本質上、われわれはそれを支持しなければならないのである。なぜなら、青年の完全な自主性なしには、彼らをすぐれた社会主義者に仕上げることも、社会主義を前進させる準備をととのえることもできないからである。
青年同盟の完全な自主性のために、だがまた、彼らの誤りに対する同志的批判の完全な自由のために、われわれは青年に媚びてはならない。

その② 十月社会主義革命から三年後一九二〇年ロシア共産青年同盟の大会演説。
青年の第一の任務は学ぶことである。「人類が作り出した全ての知識を現代の教養ある人間として」学ぶことを強調、更に、「人類が作り出した文化についての知識を受け止め発展させていく重要性」についても指摘した。共産主義を学ぶということは、「共産主義の教科書、小冊子、著作に述べられている知識の総和を習い覚えることである。しかし、これだけでは不十分である。容易すぎるほど容易に共産主義的な経文読みや自慢話が出来上がる。それはわれわれに絶えず害悪と損失をもたらす。そうゆう人たちは共産主義の本や冊子に述べられていることを習い覚えはしてもその知識全体を統一する能力が無く共産主義が真に要求するやり方で行動することが出来ないのである」。

ここに紹介したこと以外にも、青年に関するレーニンの論文・レポートは数多くあるが割愛させて頂く。

レーニンの語った青年へのメッセージを私なりに整理してみよう。

その一は、青年及び青年同盟は学ぶことが最も革新的で最も重要な課題である。

その二は、青年同盟の組織の自主性を無条件に支持しなければならない。それは共産党の必要性からではなく、組織の本質問題、つまり青年の何者にも拘束されない自由と自主性を尊重するという問題が横たわっているからである。

その三は、全体像を理解していく能力と行動に於いて日和見主義者とは大きな違いがある。

その四は、共産主義理論のみでなく人類が作り出して文化を学び現代社会の中での教養豊かな人間として成長すること。その文化の継承者としてその前進に尽くすこと。

この四点がレーニンの青年及び青年同盟についての根本的な思想と精神を構成している。誰もこれを否定する者はいないであろう。一九六〇年代から七〇年代にかけて兵庫県の青年同盟は青年の要求に基づく闘いの交流集会を全県的な規模で展開した経験をもっている。この取り組みは青年らしい活動として紹介できる。

青年と青年同盟の成長にとって何が最も大切か？　青年問題の本質として彼らの自主性を無条件に支持し尊重するという考え方、思想を提示し、彼らの誤りに対しては、まず彼らとの接触・接近を図り、辛抱強く粘り強く対応し、あらゆる援助を与えなければならない。誤りに対する同志的批判、そして青年に対する媚びることの無い態度と姿勢を、レーニンは熱く語りかけている。

レーニンの根本的な思想は何処に源泉があるのだろうか。それは一口に言って、レーニンの青年のエネルギー、青年の成長に対する深い信頼、青年へのあふれるような愛情がその根底に息づいていることが感じ取れる。親が子供の成長にかける深い愛情にもたとえることが出来る。改めてレーニンの青年同盟についての文献を手にして受け止めたものは、レーニンの青年への特別な感情と感覚、思いの深さであった。この点が改めて私の学び獲得した内容である。

事件の起点となった党の年齢制限の提案は、共産党の都合で年齢を引き下げるという青年同盟の自主性をもっとも著しく侵害するもの以外の何ものでもない。このような提案を可能にしたのは何か。その一つが、青年同盟に対する基本的認識が欠落していること、そしてそのことによって党の指導を受ける組織としての青年同盟の自主性を尊重せずに党の決定を押し付ける思い上がった官僚主義である。更に、共産党幹部会委員長（最高責任者）の党支配の強さである。青年同盟中央グループ会議で年齢制限について発言者全員が反対した時、グループの中心に「分派がいる」「摘発だ」と断定したのである（青年同盟当時の中央委員会副委員長I氏の文献より）。これが日本共産党の現実の姿であった。どうしてこんなことになったのか。

日本共産党の青年同盟に対する方針は、油井喜夫『総括』（二〇一〇年、七つ森書館）に詳しいので、ぜひ参照されたい。

3

拘束、監禁、自己批判のほかに選択肢はなかったのか?

事件から四十数年経った。何故、一斉の拘束、監禁という非常手段ともいえる方法しか選択できなかったのか。もっと別の選択肢がなかったのか。権力者（宮本委員長）の「分派だ」という一声のもと一斉の摘発が全国的に開始された、そのとき「ちょっと待て」という声が何処からも上がらなかった。上がったがトップリーダーには届かなかった。仕方がないということで済ましてしまった。党が投入した時間と膨大なエネルギー、更に事件当事者として摘発された人間の所属する組織の損害、その家族の抱えた深刻なダメージ。どれをとっても償うことの出来ない負の財産を抱え込んでしまったのである。

私はここで十月革命の指導者レーニンとその党ボリシビキであればどのように対処したであろうか思いめぐらした。一九〇五年の革命から一九一七年の十月革命、そして権力を把握した後、レーニンの生存中は極めて原則的で柔軟な党の運営が実践され、党に官僚主義等の生まれてくる芽を封じ、異なる意見が生じても党内民主主義の発揚による党の団結を追求している。

少し長くなるが十月革命前後のボリシビキ党の組織原則（党建設論）の推移をたどっ

てみよう（藤井一行『民主集中制と党内民主主義』一三六～一三七頁より引用）。

1　第八回党協議会（一九一九年）

第一〇回大会（一九二一年）の前年に開かれた第八回党協議会では、党規約が大幅に改正された。「党の規律について」という一章を設け、この党規約の整備で最大の特徴は、党外組織のなかのグループに関する規定を設けている。この説明に立ったジノヴィエフの報告で特に注目すべきは、党機関のグループに対する対応について述べているところである。党グループに対して「配慮ぶかく節度ある態度」を党機関に要求し「それら（グループのこと）を規約上の手続きのみによってひっぱってはならないし、極度の必要性もないのに規律上の処分という方法に頼ってはならないし、党が彼らに委ねている活動面で十分に自主性を発揮する可能性をあたえなければならない」、党としての「思想的指導」がなければならないとしている。

2 レーニンによるグループ条項の適用例

第八回ソビエト大会（一九二〇年一二月）において「農民の農業政策を強化し発展させる方策について」という決議の審議に際して、党グループは農民に対する報賞制度を削除する方針を決定した。この問題について党中央委員会は、その主張を誤りとして党グループに再検討を求めたレーニンの提案を採択する。レーニンは党を代表して中央委員会の趣旨を説明に向かう。このグループ会議で「中央委員会の決定を拒否したらどうなる」という質問が出される。レーニンは党規約第六二条を引き合いに出して答えた。

「自分の内部生活や日常活動では、党グループは自治的である」。グループの全てのメンバーは、中央委員会の指示に従うのではなく、良心に従って投票する権利を持っている。また、そうする義務がある。諸君が中央委員会の提案に反対して第二の決議案を提示するならば、われわれは第六二条にもとづいて中央委員会を召集しなければならない。その会議には諸君の代表を送る。われわれの間にある意見の違いをのぞくためには二回も三回も討議することである。党の上級機関が指示を出したからということではなく、諸君が納得したかどうかで投票することである――。

異なる意見のある場合にどのように対応しなければならないか。しかもロシアは外国の干渉と内戦と戦っている軍事的規律の中に党の情勢下においてこのような党内民主主義の発揚を取り入れている。核心部分を簡潔に整理すると、

① 意見の違いを克服するために中央委員会を召集し何度でも討議をする

② 問題の本質は中央委員会の決定だから従うというのでなく、納得しているかどうかが問題である。

③ 指導機関と党グループとの間においては、非常事態下であっても相互の意志を大切にする道が確保される。

以上、ボリシビキ党が党内の異なる意見にどう対応し、どう扱おうとしていたのか、学ぶべき内容は多い。日本の党も、違った道の選択は可能であったのだ。にもかかわらず「分派だ」(一部は事実としても)という最高責任者の一声で全国一斉の拘束、監禁、

査問が開始されたのである。日本の党とボリシビキ党とを単純に比較するのは意味が無いと一蹴する人は少なくないが、社会変革を成し遂げようとする党・集団にとって本質的な問題は、権力を取ったか否かではない。目的達成のために党内民主主義を発揮してどのように合意形成を実現したかである。

一九七二年問題で、こうした合意形成がいかに蹂躙されたかを理解して頂くために、次項では実際に処分を受けた者の言葉をお伝えしよう。

1905年のロシア革命

1905年から2年半にわたったロシアのブルジュア民主主義革命。第一次ロシア革命ともいう。資本主義の帝国主義段階への移行とともに深刻化した社会的・政治的諸矛盾と、それにくわえて日露戦争の敗北は、ロシアに深刻な革命的危機を生み出した。1905年1月、請願書をもって冬宮へ向かった14万の労働者の行進にたいして、ツァーリの軍隊が発砲、血の弾圧をくわえた（血の日曜日事件）のをきっかけに、労働者・農民はツァーリズム打倒・農奴制一掃の革命闘争に立ち上がった。

レーニンに指導されるボリシビキは、この革命闘争の先頭にたち、ツァーリズムと協定しようとする自由主義的ブルジョアジー及びメンシビキなどと戦い、1905年12月のモスクワ労働者の蜂起をはじめ各地でゼネスト・武装蜂起を指導した。その過程で労働者階級の創意により労働者代表ソビエトが各地につくられた。また戦艦「ポチョムキン」の水兵も蜂起に参加、農民の闘争も1906年の夏を頂点に全国で燃え上がった。政府は立憲議会を開設、言論結社の自由などを約束する十月宣言を発して、自由主義的ブルジョアジーを革命の戦列から分断、そのためこの革命は失敗に終わり、革命後にはストルイピン反動政治がはじまった。

しかし、この革命による人民の政治的経験と教訓は、レーニンによるその理論的研究とともに1917年の二月革命及び十月社会主義革命の勝利の礎石となった。

レーニンは1905年のロシア革命について「1905年春にはわが党は地下の小さな連合体であったが、秋になるとそれが幾百万のプレタリアートの党となった」と語っている（全集第15巻132頁)。

ソビエトとは

労働者の大衆的政治組織として生まれ、その起源は1905年の革命にさかのぼる。革命の過程でストライキを指導する工場のストライキ委員会から発展し、幹部逮捕などによる衰退を経て、1917年の二月革命で復活。二重権力のもとで労働者・農民の革命的民主主義的権力の機関となった。

十月社会主義革命において、ボリシビキの指導のもと、労働者・兵士・農民ソビエトが国家権力を握った。ソビエトは生産単位や兵営ごとの選挙人集会において公開投票で選出された代議員によって構成される。さらにその代表がピラミッド型に組織化され、地方ソビエト大会、全ロシア・ソビエト大会（後のソ連邦最高ソビエト）を構成した。ソビエト制度はロシア独自の歴史的状況のもとで形成された政治制度である。

4

被処分者、
大田米造氏の手記

一九七二年五月、それは突然やってきました。共産党県委員会から突然の呼び出しを受けました。県事務所へ行き、そこでS、I両常任委員に車に乗せられ、行き先も告げられず出発しました。〝何があるのだろう？〟と不安がよぎりました。まさか自分が分派の一員で査問を受ける身だとは想像もできませんでした（後にわかったことですが）。明石の市会議委員宅に着き、徹夜の査問が始まりました。ほとんどSが査問にあたりました。

冒頭「重大な規律違反があるのでこれから査問を行う。このことに同意を求めます」の発言があり、五・一五幹部会声明が読みあげられ、意見を求められました。自分に思い当たるフシもない、軍国主義復活主敵論、国際共産主義運動の一部につながる分派など、何のことかと思いながら読み上げられていたのを聞いていました。さらに、民青同盟の年齢制限問題も取り上げられたので、私は、これには明確に反対の意見をのべました。それから延々と、分派があることや、路線上、政策上の誤りを指摘されたのですが、私には〝一体どうなっているの？〟といった感想しかなかったのです。

私にとっては、特に共産党県委員会の学生対策の担当者に不満、不信がありました。選挙での大きな前進があったとはいえ、学生班は組織的にガタガタでした。選挙の動員、班活動の確立、機関紙の確立などせっかく班で方針を決めても、翌日機関紙担当者が農村の特別宣伝隊に動員される――これは一例ですが――共産党の学生対策の担当者とはたびたび衝突していました。何が分派だ！　普段の指導のまずさを棚上げして、何なんだ！との思いで、口惜しさに思わず涙が出ていました。黙って聞いていたS氏の態度が一変したのは、川上問題に入ってからです。川上氏は、全学連再建当時からずっと尊敬していた幹部でした。

川上氏は三月の春休みに、民青学生班の学習集会（シンポジュウム）での講師を依頼されて来神、前日私の家に宿泊されたが、当日の朝、高い熱を出し体調不良で急遽帰京されました。

「川上はいつも泊まるのか」との激しい詰問に、「一度だけです。それに学生対策の田熊氏もその後泊まっています」と答えても聞いてもらえず、とうとう「川上はいつも泊まる」ということになっていったようです。

朝になり一応の査問は終わりました。私はちょうど長女が生まれ、妻は帝王切開のため一週間入院し、退院して二日目だったので「家に帰らせてほしい」と訴え、認められました。処分が決まるまで自宅待機、自己批判書の作成を命じられました。

翌日、S氏が来て自己批判書を持ち帰りました。私としては学生担当のF氏にたいする不信不満の自己批判書を書きました。当然これは「自己批判書」ではないと突っ返され、再度作成、状況がよくわからなかったこともあり党の意見に沿うように作文し、一応受け取ってもらいました。

公安は敏感でした。隣の家へやってきて、ドアを開けたまま大声で「この隣の家のものはどんな人間か」というようなことをしゃべっていました。妻が「あんなこと言わせていいの」と言ったのですが、私には抗議する気力もなくドア越しに内容を聞くだけでした。公安は妻の実家にもやってきて私のことをいろいろ話し、脅していたようです。義父からの手紙もすぐにやってきて「まっとうな仕事について くれ」とありました。

処分は下り「権利停止六カ月」でした。半年経てば、又、活動が出来ると思いなおし、しばらくは生まれた赤ん坊の世話の毎日でした。六カ月が経って県事務所に行くと、思いがけないことが待っていました。「悪いけど六カ月の処分じゃ甘いと中央が言ってきてなぁ、一年になったんだ」と、処分期間の延長を告げられました。

どちらが先だったか忘れましたが、「民青県委員会で処分の総会を開くので出席するように」との連絡が、その前後にありました。その日は兄の用事で吉野の家に行くことになっていましたし、何よりも自分は党に文句を言っていましたから、処分されても仕方ありませんが、一方で、民青では年齢制限案に反対していたけれど「分派なんてとんでもない言いがかり」と思っていたので、出席を断りました。後になって考えれば、出席して、意見を述べるべきだったと思いましたが……。

さて、処分が一年に延長され、担当がK氏になりました。延長理由は「川上が泊まった」というのが大きかったのかなァと類推します。このKという人は県委員長になるのですが、私を最初から「犯罪者」扱い、会う場所を決められ、行けば尾行の警戒から、言葉遣いから、とてもイヤな思いをさせられました。定期的に連絡するということでしたが、その後一回電話があったくらいです。生活も困窮し青年同盟の専従職員一年半の期間、そのままでは収入がありませんから、仕事に就きました。経歴詐称の確信犯でした。やっと一年、待ちに待った一年が経ち、又、一般社会の中で頑張ろうと思っていたのですが、全然連絡が来ません。ひと月過ぎたあと、K氏から電話が来ました。相変わらず横柄な電話で、処分が終わったなどとは全く思っていない態度でした。それで、「処分期間も終わっているのに、又延長ですか」と抗議しました。すると折り返しの電話では、手の平を返したように「さん」づけ敬語つきの低姿勢！「なんだこいつ」との思いでした。

その後、居住支部での活動を再開するようになりました。本来の居住区ではなく、別の問題を多く抱えている居住支部の支部長に選出されました。国政選挙の参議員選挙で安武さんの当選を勝ち取り、支部としてある程度のまとまりを実現しましたが、党員夫婦の心中未遂事件などもあり、それなりの勉強もさせていただきました。

妻は「こんな目に遭わされて、何で支部長なんかひきうけるの」と私に食ってかかりましたが、私にも心の迷い……活動はしたい、けれど何でこんな目に遭わされたか、罪滅ぼしの為の活動か……がありました。心の迷いを引きずって環境を変えてみようと思い、自分が共産党員になった大阪の堺へ移りましたが状況は以前と同じでした。会社は倒産の危機、学生時代の友人先輩も離れて行きました。「除名された」と思っていた人も少なくありませんでした。そして、三二歳の時、党から離れました。その後も一九七二年事件をズーッと引きずって、やっと二〇年前位に自分の中での解決を見たつもりです。

一九歳の時に「これが自分の生きる道」と決めて闘ってきた道でしたが、仕方のない成り行きです。今までこうしたことを書いたことは一度もありませんが、それなりに近・現代史を勉強もし、思想・宗教の勉強にも関わり、今は何よりも年をとってきました。

思えば、スターリン、毛沢東、東ドイツ、ルーマニアの独裁者の体質を宮本や不破も持っていたのでしょう。

民主主義が踏みにじられ、危機を迎える中、多くの信じられないような痛ましい事件が社会全体で起きています。又、これまでに、現在も社会主義を標榜するだけで、全く民主主義とかけ離れた国や社会があり、マイナス要因を振りまいています。

世界も、この国も真の民主主義的で、格差・差別のない豊かな社会に作り替えるため、微力ながら私なりに「奴顔《どがん》」にならぬように生きてきたし、又、これからも生きていきます。

5

被処分者、久保護はその時

私の場合はどうだったのか。査問のための拘束、監禁、自己批判について、簡単に述べる。

一九七二年五月七日、青年同盟の中央委員会党員会議で年齢制限問題が否認されたその翌日から、強制的な連行、人権を無視した査問が開始された。兵庫県では中央の動きと連動し、私もまた、兵庫県党に呼び出され、複数の幹部に左右から挟まれるようにして車に乗せられた。その幹部は私も知っている者であった。車中では目隠しをされ、何処に連れて行かれるか判らなかったが、北の方向に向かって走ったようである。一時間位してある家に到着。そこは三木市あるいは小野市あたりの党員の家ではなかったかと思う。私は二日間にわたって、尋問された。このことは家族にも絶対に言ってはならないと、厳しく約束させられた。自宅に帰された直後、再び呼び出され、二人の幹部に両脇を固められて車で東京の党本部に連行された。途中、休憩で立ち寄ったパーキングで、Nに偶然出会った。かなり大きな駐車場のある愛知県下のサービスエリアだ。Nは、私と同様に東京へ連行される途中であった。不安と複雑な思いがその顔に浮かんでいた。

党本部では三日間個室に監禁されて、無理やりに自己批判書を書かされ、提出した。レーニンの著作を渡されて読了を勧められた。自己批判書を書いている時、私を担当している中央の勤務員から「Nの自己批判が進んでいない」と知らされた。私には又共に活動したいという思いが強かったので、「自己批判をするように」という私の考えをNに伝えてくれるよう、勤務員に頼んだ。Nの自己批判をすすめるために私を利用しようとして、Nのことを伝えに来たのだ。その時の私には、そんなことは大きな問題ではなかった。幸いNと共に党の幹部に付き添われて、帰神の途につくことができた。その時私たちに付き添った一人K氏は、後に兵庫県党の委員長になった。

下された処分を改めて述べれば、青年同盟中央委員解任、党員権停止一年である。その時に付けられた条件の一つとして、党の影響力の強い組織団体への就職が禁止された。

当時、私は三二歳である。二人の子を持つ父親でもあった。妻は事件によって処分されたことを知り、兵庫県党委員会の県委員長多田留治氏（故人）を訪ね、何故処分されたのか詰問した。対応に出たのは、中央から兵庫県に派遣されていた幹部諏訪氏であった。説明されたが、判らないことが多く、納得できない。自ら信じて疑うことの無かった党から、自分の人生のパートナーが分派活動によって処分されることなど、ありえない話だ。彼女が事件から受けた心の傷は、消えることはなかった。妻は六〇歳定年退職の翌年、膵臓がんを発病、二〇カ月の闘病後、他界した。六二歳であった。妻は亡くなる直前に「事件のこと、何とかしないといけないね」と言った。その言葉を私は、彼女の遺言と受け止めてきた。

事件は、県委員長・副委員長、そして県同盟の最高幹部が解任となる、前代未聞の事態となった。県同盟にも大変な迷惑をかけ、共に活動した数多くの仲間に大変申し訳ない気持ちは、今も変わらない。このピンチに共に闘った仲間の一人である森脇英雄君が、党の要職を辞して、自ら県同盟の委員長を担ってくれた。誰かに指示されたものでもない。森脇君の青年同盟への愛情と、共に闘った仲間への人間的連帯を示す行動であった。私は改めて共通の思想性の強さと感謝の意を強く持った。私は今になるまで、彼にお礼の言葉の一つもかけたことが無い。一般社会ではありえないことであった。彼にしか出来ない志の高い献身的な行動であった。

彼が神戸市会議員選挙に立った時、彼から求められたわけではないが、Nと共にささやかながら物質的・精神的支援を送った。仲間としての自然な行動であった。

故人となったN県委員長についても、触れないわけにはいかない。彼は交通事故で即死。五〇歳だった。私にとっては最も辛い別れであった。追悼式全般を会社側の人々と共に執り行い、私は友人を代表して追悼の言葉を述べた。生前共に活動していた時代、私は彼から人間として大切なことを学んだ。彼は主体性を持ってものごとを判断できる人であった。さらに、印象深いことは「青年に対する見方」「人間に対する見方」においていつも肯定的で明確な励ましの言葉を語ることが出来る指導者であった。又、困難に直面しても気概を持って立ち向かう、優れた資質を具えていた。

一つの例を挙げると、事務所建設運動を責任者として指導し、神戸のど真中の元町に完成させた。県レベルでは過ぎたる、全国に誇れる事務所である。この建設を成功させた最大の原動力は兵庫県同盟の組織力だが、その組織的力量を引き出すことが出来たのは、Nのリーダーシップによるところが大きかった。県下の同盟員は彼の一言一言に心打たれ、人間的にも深い信頼を寄せ、五万円、一〇万円の建設カンパに応えたのである。

彼のような人間こそ、戦闘的民主主義者（共産主義者）と語るにふさわしい人ではないか。一般社会に出てからも、小さい事業所を建て直し、実績を上げていた。その評価によって神戸から大阪へ栄転する前夜、ご伴侶に「今から帰る」と電話を入れて、車で帰路に着いた。その直後に車同士の交通事故で命を落としたのである。交差点で停止している彼の車の運転席に、若い青年の運転する車が激突、命を落としたのである。悔やんでも悔やみきれない出来事であった。彼は同輩とはいえ、密かに私の尊敬する人であった。

当時Nは青年同盟と共産党の傾向（路線）に危機感を抱いていた。彼の考えを理解する幹部は極めて少数の人間であった。彼の考えに理解を示してくれたのは、N・A先輩と青年同盟中央の分派（川上ら）グループであったのではないか。私は彼と供に、分派の連中のアパートへ行ったことがある。何を話し合ったのか、一つ一つの言葉は覚えていないが、概ね共産党批判であった。私の処分は、このアパートに行ったことが対象になったのではないかと思っている。

何故私たちは川上らのアパートに行ったのか。私たちは当時の青年同盟の路線に危機感を持っていた。当時の路線は、組織の拡大と学習、大衆闘争軽視の傾向である。その危機感から生まれる私たちの考えは、「分派」と言われるグループとほぼ同じ考え方、同じ認識であった。同じ考え方、同じ思想を持ち、危機感を共有すれば、人間はごく自然に集まる。

そもそも私には、彼らが「分派」であるという認識がなかった。同じ考えの者の集まりという認識であった。共産党と青年同盟の幹部活動家の中にも、私と同様の考え、問題意識を持つ人たちが少なからず存在していたと思う。

私は、自己批判書の中で、アパートに行ったことが軽率であったことを書いた。しかし、時間の経過と共に、この程度のことで何故、厳しく問われなければならないのか、納得できなくなるばかりだ。

事件後、青年同盟は衰退の道を辿り始める。大きな要因の一つに、青年の中での活動よりも室内での「学習」に時間とエネルギーを投入していったことがある。

こうした「学習」中心の傾向と「拡大」路線をとった経緯には諸事情があったかも知れないが、残念なことは、それら路線の変更と決定が正式の公開の場で、議論されることがなかったことである。共産党にしても同様ではなかったか。当時の共産党の宮本体制の下では、活発な議論の出来るような党内民主主義は毛頭存在しなかったと推察する。事件から一年後、宮本氏は事件を振り返って、「あれは子供の遊びであった」「星雲のようなもの」と語ったという（元青年同盟中央専従者でその後共産党中央の勤務者の証言）。そのような発言をする感覚の持ち主が、最高幹部として「分派がいる」という一声を発し、拘束・監禁・自己批判・調査が全国的に展開されたのである。

この党のどこに「党内民主主義」が存在しているのか。共産党の党建設に重い深刻な課題が存在することを、私は強く感じた。

6

日本共産党はなぜ『八〇年党史』から一九七二年事件を削除したのか？

一九七〇年党史では——

「……かれらは党と同盟に隠れて民主青年同盟中央委員会内に反同盟の分派を組織し、党の指導に対して民青同盟と党を党に対抗する反党分派活動の拠点に変質させようとした。この「新日和見主義」、分派主義のアメリカ帝国主義美化論や日本軍国主義主敵論、党勢拡大の独自の課題として取り組むことには反対する危険な傾向に対して七二年七月第七回中央委、同年九月の第八回中央委（いずれも第一一回大会）は……これらの闘争の重要性を強調した。党は理論上、組織上の徹底した批判と闘争を行い新日和見主義分派を粉砕した」と述べている。

ところが八〇年史では、事件についての記述を全面的に削除。それによって、事件が公的にわからなくなってしまった。これは、単純に一つの歴史的事実が消えた、ということだけでは済まされない。

話は飛躍するが、党の綱領が確定して半世紀を超える、七二年事件による監禁と自己批判、調査の対象となった党員は三桁に及ぶと推定される。その規模は、綱領確定後最大の被処分者を出した党史最大の事件と言っても過言ではない。このような事件を、党史の圧縮により削除したという説明で、誰が納得するだろうか。私は強い政治的判断が働いたと考える。

折しも共産党八〇年史（二〇〇二年）発表の直前に三冊の事件についての本が被処分者によって相次いで出版されている。「まえがき」にも挙げた、『査問』（一九九七年）、『汚名』（一九九九年）、『虚構』（二〇〇〇年）である。

それらに対する党からの論評らしきものは、見当たらない。そして八〇年史は、二〇〇二年一月に出版された。事件を全面的に削除したことは、この三冊に対する党中央の文言なき一つの回答だと考えられなくもない（油井喜夫はその著『総括』で、党史からの削除を「負の遺産」と指摘）。

もし、そうだとしたら、党中央は大きな見込み違いをしている。党史から消えたことによって、事件の解決への道をつけたのではなく、一九七二年事件を振り返り総括する機会そのものを奪い去ったのである。総括の機会を失うことによって、党はもっと大きな「負の遺産」を抱え込んだと言える。

何故ここまでして全体像の解明を拒絶するのか。ズバリ言えば、事件を指揮した共産党の最高指導者への責任追及を、何としても避けるためである。綱領の確定をはじめ、その後の党の歴史において大きな役割を果たした最高幹部に、責任追及の声を浴びせてはならない。そんな厳しいレールと高いハードルが置かれていたのに違いない。

事件見直しの意見は数多く寄せられ、事件への関心は全党に及んでいる。私の知る範囲でも、幾人もの党員が中央に意見を提出している。回答は「決着済み」で統一されており、見直しに言及することは一切無い。見直しによる事件の影響は、党中央がその重要性を最も深く理解しているのではないか。見直せば、中央への信頼感が失われ、負の連鎖が広がる。その恐れを乗り切る自信が、党には無かったのではないか。

理性とヒューマニズムを大切にするという党の看板よりも、事件にまつわる政治的判断が優先したのである。そのために、事件を過去の出来事として葬り去ったのである。

続く項で、「負の遺産」が党にどのような影響とダメージを与えたのか述べたい。

7

一九七二年事件、負の遺産

事件抹消による負の遺産とは何か。

1　党内民主主義破壊
2　党内民主主義抑圧
3　官僚主義の集中的行為
4　組織への精神的・思想的ダメージ

以上の四点が私の考える事件による負の遺産である。以下順に述べる。

1　党内民主主義破壊

共産党幹部自身が党内民主主義を破っている。

当時共産党の最高責任者は、正式な青年同盟中央党員会議での討議内容の過程にもかかわらず「分派がいる」と一喝、査問が開始された。査問対象は青年同盟から学生、平和、労働、教育、婦人、報道等各分野へ広がった。また中央から都道府県にも拘束・査問は行われた。青年同盟は、共産党との関係が明確化されている、正式な青年組織である。党の決定といえども、組織当事者が了解しなければ実行出来ないのは当然である。ところがその青年同盟党員会議での結論がまだ出ていない状況で、事件は始まった。それが党運営の現実である。権力者の一方的な指示命令のみが優先されて、党内の議論や決議が無い。何処に党内民主主義が存在しているのだろうか。規約を守るという点では幹部も一党員も同じ立場だ。幹部の一存で党員を拘束・監禁することは許されるものではない。党の官僚主義が党内民主主義を破壊したのである。

2　党内民主主義抑圧

事件について、心ある党員が全国から党中央に意見を送っているが、内容は公表されず秘密裡に処理されている。

党中央への意見がどれだけの数量であるかは詳らかにしないが、全国から意見が出されているのは間違いない。意見を出した党員は、人一倍党を愛し、党への思いが深く、それだけに事件が党に与えている影響を身をもって感じ取っている人たちである。

そのような党員の活動こそ、党への影響も大きい。だが党は、彼らの行動を「解決済み」との回答で処理し、質問や意見内容は公表されていない。その隠蔽は、党員の心に不信感を生み出す大きな契機となって、今も尾を引いているだろう。

現実の実態から判断して全党の問題として取り上げ検討する、それが正常な党運営ではないのか。それを行わないところに民主主義抑圧の姿がある。

前述のレーニンの言葉にもあるように、困難な事例ほど党内民主主義の徹底を通じて解決の道を探り出すことが最も大切である。想像力を働かせて問題の解決に当たる、そのための決断が党運営に求められているのではないか。〝中央にとって不都合なことは公表しない〟態度では、外向きの方針と内向きの方針に矛盾が生まれ、ダブルスタンダードだと言われるだろう。今日の日本の市民感覚において、到底受け入れられない。

共産党といえども人間が作っている組織である以上、誤りは免れない。日本共産党は今日まで、どんな政治勢力や政党よりも、自由と民主主義問題について数多く言及してきた。一つ一つは紹介できないが、一九七〇年第一一回大会では「民主主義の擁護と党の態度」を、一九七六年第一三回臨時党大会においては「自由と民主主義の宣言」を発表するなど、機会あるごとに民主主義問題の発言を行っている。日本の政治勢力の中では、この問題への最も鋭い意識を示してきた。国際的な場でもこの自由と民主主義宣言の紹介を行っている。それほど自由と民主主義について鋭角的な感覚と思想を持っている党が何故、党内での問題でその鋭さを発揮しないのか。

共産党は二〇〇〇年一一月、第二二回党大会に於いて規約改正を行っている。その中心点は第二条の党の性格と、第三条の民主集中制である。重要なので、以下に紹介する。

第二条　党の性格について

一・党の性格を「労働者階級の党」であると同時に「日本国民の党」であると規定。

二・社会主義、共産主義の目標を三つの特徴として「人間による人間の搾取をなくすこと」「経済的搾取だけでなく政治的その他の抑圧も、戦争もなくなること」「真に平等で自由な人間関係が社会の特質になること」と定義。

第三条　民主集中制について

一．党の意思決定は、民主的な議論をつくし最終的には多数決で決める。

二．決定されたことは、みんなでその実行にあたる。行動の統一は国民にたいする公党としての責任である。

三．すべての指導機関は、選挙によってつくられる。

四．党内に派閥・分派はつくらない。

五．意見が違うことによって組織的な排除をおこなってはならない。


右の第五項について、私の考えを述べたい。少数意見（反対論）の排除をしてはならないと提起していながら、その先のこと、反対論者はどう扱われていくのかが、この改定では明示されていない。レーニン率いるボリシビキ党は、「……党内の意思決定過程において多数決原理が採用される場合の少数者の権利および意見処理の問題に於いて少数者を切り捨てていくようなことは断じて行ってはいけない」と規定している。そしてその規定は、どんなに厳しい局面においても一度も否定されたことがない（別項で詳しくふれる）。

日本共産党がこれに倣うならば、意見の異なる者の扱いについて、もう一項加えて明文化しなければならないと考える。第五項で終わっているところに、物足りないどころか、党の最も重要な組織原則としての民主集中制の限界が横たわっているのである。異なる意見、少数派、さらには下部党員の提出した意見に対する対応の極めて不適切なところは、この規約の民主集中制の限界性を示し、今日に至っている。

3　官僚主義の集中的行為

八〇年党史で事件を全面削除し、党史の上から葬り去ったことは既に前項で述べた。その官僚主義は負の遺産の一つである。

4　組織への精神的・思想的ダメージ

この事件が党と青年同盟に与えた傷は今なお克服されていない。退潮傾向は継続している。

この事件が全党に与えた思想的、精神的、物質的損失は計り知れないものがある。

青年同盟だけをみても、中央委員三〇名、各府県の幹部を加えるとその数は優に三桁にのぼる人々が、去らざるを得なくなった。将来性のある有能な幹部が、追放されたのである。青年同盟を卒業して共産党の要職に就くことが決まっていた人たちも、数多くいた。政党の幹部は、人を右から左に動かせばそれで務まるというほど、単純な仕事ではない。ましてや社会変革を目指す政党の幹部となれば、経験の上でも、理論性・思想性・人間性に於いても、優れた人でなければ務まらない。幹部を作り出すには長い年月を必要とする。この事件は、数多くの幹部を失ったのである。償うためには、長い年月が求められる。

想像力を働かしてもらいたい。一人の幹部のためにどれほどの財（時間とエネルギーと経費）を投入してきたか。例えば今日、ビジネス社会に於いては人材紹介事業が盛んであるが、私は医師の紹介事業に短期間関わったことがある。今から一〇年以上前、紹介手数料は年収の一〇～二〇%、一〇〇万円単位のお金が一人の紹介で動いた。一人の医師の養成には、億単位のお金が本人と国家から投入されているのである。経済的な問題だけではない。どれほどの時間とエネルギーを投入して多くの成功と失敗の経験を積み重ねてきたか、計り知れない。党の幹部と評される人たちは、その中で鍛えられてきたのである。事件による幹部の喪失は莫大なものがある。

損失は物質面だけに止まらない。思想的・精神的ダメージ（損失）も大きい。共産党組織そのものと党幹部への信頼が、大きく揺らいだ。その影響は今なお続いている。そのことを端的に示しているのが、青年同盟組織の著しい衰退である。

衰退の要因として、青年同盟の幹部の大量卒業事件による青年同盟組織への信頼性の後退がある。それとともに客観的な青年の意識の変化も衰退に拍車をかけている。

ここで青年意識の変化一般について一瞥してみよう（見田宗介『現代日本はどこに向かうか』岩波新書より）。一九七三年以降五年ごとに行われたNHK放送文化研究所による「日本人の意識」調査である。この調査を基に見田宗介氏が多くの分析を行っている。私はその中から特徴的な三点に絞って紹介する。

第一点は家族制度の崩壊である。

○性別役割分担的家族　一九七三年四〇%→二〇一三年七%

第二点は「生活満足度の増大」である。

○全体としての満足度に対して　一九七三年　一四%↓二〇一三年二八%
○個人生活物質面　同右　六〇%↓同右八七%
○社会生活物資面　同右　五三%↓同右八九%
第三点は政治問題について活動し戦うことが著しく少なくなっていることである。
○政治的活動無し　一九七三年　六〇%↓二〇一三年八三%
○地域の問題静観　同右　一八%↓同右三八%
○職場の問題静観　同右　三四%↓同右四七%

見田氏は「……青年層の大半が支持する政党もなく、選挙の有効性も信ぜず、政治的活動もしないという事実は、社会の深部から、現在ある政治の装置と方式に深い「失効」を示唆している」と指摘している。

この調査報告は、一九七〇年代の高度成長期〜脱高度成長期を経た青年の意識変化が、一口に言って「保守化」に著しく進んだことを教えている。私はこれ以上この問題を追う余裕はないので此処で終わるが、青年同盟の衰退の客観的な要因の一つとして青年の意識変化は見逃せないと考える。

8

一九七二年事件の真の解決に向けて

共産党の将来は、負の遺産の清算なくして発展は無いと考える。では一九七二年問題を、どのように解決すればよいのか。以下に私見を述べる。

1　党員から寄せられた意見（提案）の公開

一九七二年問題に寄せられた数多くの意見書の、全体像を公表しなくてはならない。意見書への個別対応は、形のうえではなされている。しかし回答は一律で、一般党員はその全体像を知る由もない。先述したように、全体像を秘匿するのは、事件の指揮を執った宮本委員長（当時）への責任追及を、回避するためであろう。党再建の理論的思想的指導者への批判を、党中央は恐れているのではないか。

全体像の公開、とくに下部党員からの意見書の公開は、党の健全な姿への大きな一歩となる。公開にはそれなりの決断と覚悟も必要だろう。しかし、それは党中央に求められた、問題解決のために、ひいては党の民主的将来のために、必要なのである。

2　共産党中央が発表した数多くの新日和見主義批判論文の総括

事件についての党中央からの批判論について、既に油井喜夫が『実相』の中で指摘している。「……アメリカ帝国主義論、日本軍国主義主敵論、人民的議会主義論、一九三〇年代論、大衆闘争唯一論、沖縄闘争論、学生運動論、青年同盟論、さらには被処分者の人生観に到るまで延々とつづく」「これほど多角的に一方的に批判された例は日本共産党史上でもほとんどない」。全く異論のない指摘である。この油井の批判論文に対して反論は一切提示されなかった。処分された側に旗印となる明確な綱領も方針も持ち合わせていなかった。当然反論のしようもない。にもかかわらずこれだけの新日和見主義への批判論文と大量の処分者を多くの分野から出した。このような特異的な事件は他に例を見ない。

冷静に顧みてこれらの党中央からの批判論文は客観的に見て正確で妥当性があったのか、疑問に感じている一人である。私は党中央に対してこの党中央自身が展開した多くの「新日和見主義」批判論文の総括を求める。

3　被処分者の名誉回復

事件によって追放された者たちは職を失い、その家族に深い痛苦を与えた。精神的ダメージは、本人よりもその家族のほうが深刻だったと言える。彼らの妻たちのうち、幾人もが早世したが、これは偶然だろうか。

共産党中央の幹部たちは、処分者のその後を想像しただろうか。時間が歴史を風化させることもあるだろう。しかし、人間が背負った心の傷は事件の解決でしか癒されることはない。処分の撤回を強く求める。

自らの行動を精査し、点検を加える作業は、易しいことではない。一人の人間でも、自ら非を認めることは容易ではない。例えば、ある自動車メーカーが燃費を国の基準と異なる方法で測定し消費者を惑わす宣伝を行っていたことが明らかになり、幹部が申し訳ありませんでしたと深々と頭を下げたが、社内では改善されず同じ誤りを繰り返していた事件があった。今の日本社会にはこのようなことが山のようにある。これは身を削る点検と反省がそれほど生易しくないことを示している。

しかし共産党は、自己反省の出来る人間集団だと思う。利益を上げることに汲々とする組織でもない。利権に手を染めることのない組織である。事件の解決は党建設の第一歩、それも巨大な一歩となると信ずる。下からの意見、市民からの意見がもっと尊重される党運営と、そこで育まれる党内民主主義は、党を変革していく力を生み、大きな流れを作り出していくに違いない。

第Ⅱ部　日本共産党への提言

1

闘いと党勢

一九六一年第八回大会から半世紀、この間の党勢はどう変化したのか。『赤旗』の日曜版や日刊紙の発行部数、国会議員数、得票数、支持率、党員数、などの推移を見ていきたい。資料の乏しい中での検討であるため、推定推論を余儀なくされたことを最初に断っておく。

この間の特徴として党建設の中心を占めていたのは、党勢拡大運動である。大きなエネルギーを投入して取り組まれた。特に一九八〇〜九〇年代は自民党を中心とした反共政党からの「体制崩壊」という名のもとの反共攻撃の嵐を受け、さらに国際共産主義国から覇権主義と日本共産党への内政干渉攻撃等、困難な課題に直面し、歴史に残る闘いの中での拡大運動であった。

以下の数字は、浜野忠夫『民主連合政府をめざして』（新日本出版社、二〇一五年）巻末のデータによる。

1　党勢が最も伸びた『赤旗』日曜版

一九六一年第八回大会（以降は八回大会と表現する）と比べ、ピークは八〇年二月第一五回大会の一・二倍。この日曜版は国民に最も受け入れられた新聞である。その後二〇一四年一月には四・三倍にまで減じる。ピーク時から一四年一月までで半分以下に落ち込んだのは何故か。一番の問題点である。

2　最も伸びの低い日刊紙

第八回大会を基準として、ピークは日曜版と同様、八〇年二月第一五回大会時の六・八倍。これが二〇一四年には二・一倍になる。半世紀前から見れば倍加で、前進には相違ないが、ピーク時との落差も大きい。多くの人を党の読者に迎えいれ、そして多くの読者が党から去っていった。何が問題か検討が求められる。

3　最も厳しい党員数

上記と同様第八回大会当時と二〇一四年一月の比較で二・六倍に増えている。日刊紙の同期間で二・一倍増だから、この差から、日刊紙を取っていない党員が存在すると考えられ、そうだとすれば信じられない状況である。党員の基本的活動の一つは新

グラフ１　党勢の推移

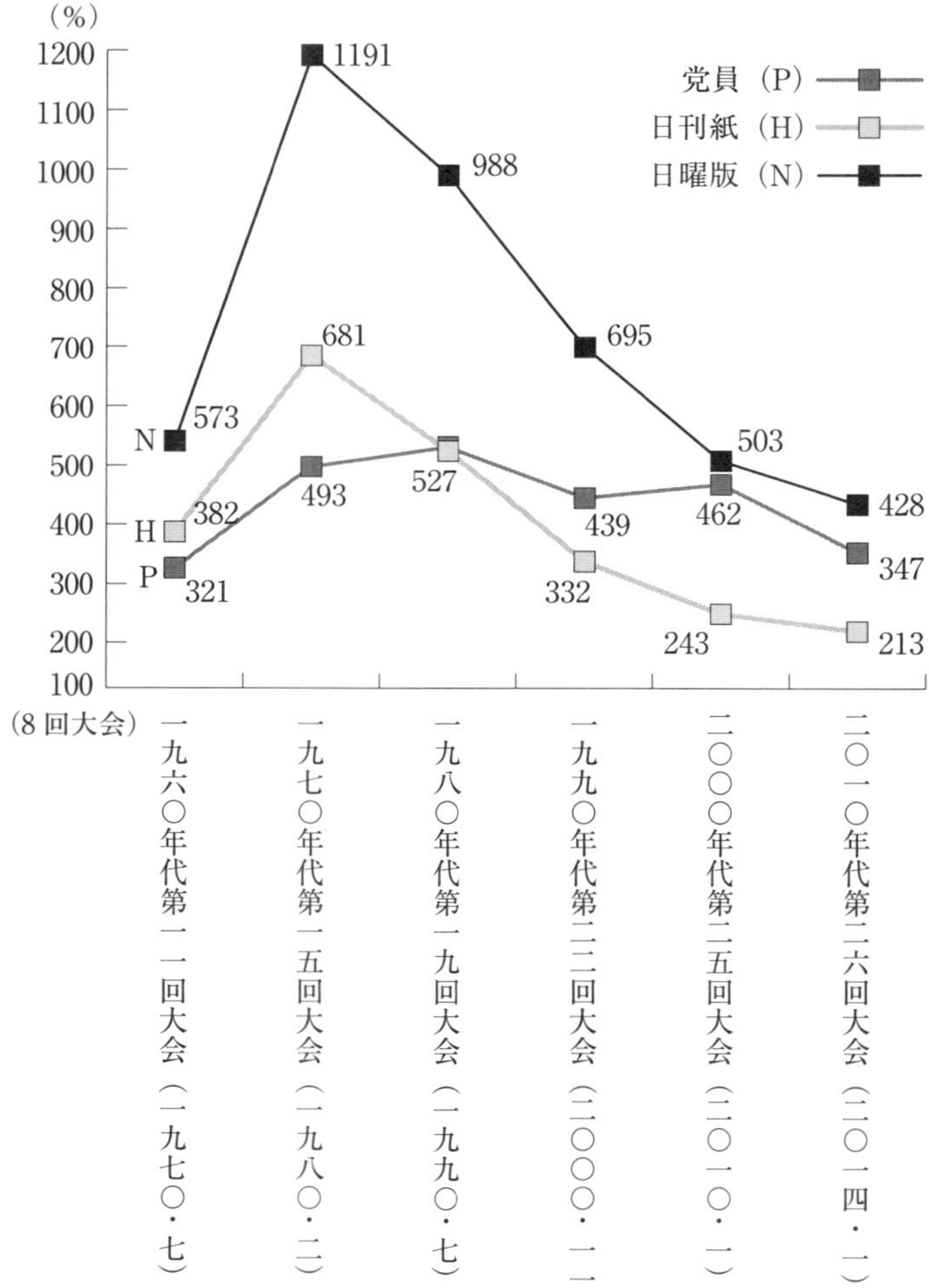

出典：浜野忠夫『民主連合政府をめざして』（新日本出版社、2015 年）より筆者作成。

聞を読むことである。これでは日刊紙を購読しない党員を容認していることになる。

4 得票数と得票率

数字を挙げておこう。前ページのグラフと併せて見ると、趨勢が理解されると思う。

衆議院	一九九六年	七二六万票	一三・一五％
参議院	一九九八年	八一九万票	一四・六％
	二〇一〇年	三五六万票	六・一％
	二〇一二年	三〇八万票	六・一％
	二〇一三年	五一五万票	九・七％
	二〇一四年	六〇六万票	一一・四％

国会議員	一九七二年	三九議席	五六八万票
	一九七九年	四一議席	五七六万票
	一九八〇年	二九議席	五九四万票

一九八三年　二七議席　五四三万票
一九八六年　二七議席　五四二万票
一九九〇年　一六議席　五二二万票
一九九六年　二六議席　七一六万票
二〇一四年　二〇議席　六〇六万票
地方議員ピーク　一九九九年　四〇四三人
　　　　　　　　二〇一四年　二六八〇人

5　一九八〇年代から九〇年代にかけての特徴

①一九八〇年と一九八六年、二度にわたって衆議院と参議院の同時選挙が行われた。それによって野党は力の分散を余儀なくされ不利な状況で選挙を戦うことになった。

②一九八九年ベルリンの壁崩壊を機に、社会主義体制は崩壊、ソ連の共産党中央委員会は科学的社会主義を放棄。二〇世紀に於ける資本主義と社会主義の歴史的な戦いに決着がついた。それによって自民党をはじめ反共連合は体制の崩壊と社会主義・共

産主義は敗北したという大合唱を展開。

③一九九六年小選挙区制の導入。民意を踏みにじる選挙制度で、自民党は議席の多数を継続支配することに成功した。小選挙区制では、一位の候補者のみが当選、二位以下の候補に投票した票は切り捨てられ死に票となる。

④自民党政権に代わる、一九九三年八月細川内閣、九四年六月村山内閣が誕生した。国民目線を変えることにはなったが、国民の期待にはこたえられなかった。

この期間は、共産党自身の「第二の反動的攻撃の時期」という指摘の如く、際立った反共戦略が組織された時代であった。選挙制度の改悪、体制の崩壊、連帯するべき社会主義国の党からの攻撃、中間政党による国民目線の攪乱など、歴史的にも特異な情勢での戦いとなった。戦後政治に於いて経験したことがないような内外からの多面的で重層的な連続攻撃の中で、共産党の勢力（党員を含む支持者）を切り崩されながらも、陣地を全て奪われることはなかった。確かに党組織の民間経営における停滞、労働運動の沈滞など、否定的な状況も聞き及んでいるが、よく闘い抜いたと言える。前項に挙げた国会議員数を見ても、一九九〇年に議席を減らしたとはいえすぐに回復し、嵐のような攻撃に対峙して踏みとどまったことは、特筆すべきことである。

何故踏みとどまり得たのか。その総括は歴史の教訓として遺し、引き継がなければならない、意義のある経験である。私が総括する立場でないことは承知しているが、強いて言えば次の三点が指摘できる。

一つは、自主独立の党として主体的な理論を構築したこと。

二つは、科学的社会主義擁護と思想・理論闘争を積極的に行い、社会主義体制崩壊論、党の組織原則を堅持して、反共大合唱に対峙したこと。

三つは、党勢の拡大運動を推進したこと。党員の間では、拡大アレルギーが起きるほど激しく全国的に取り組まれた。党勢のピークがこの一〇年に築かれたことも納得がいく。更に大事なところは、この拡大運動によって党組織の戦う体制が整備されたことである。党中央はこの拡大運動をどこまで深く認識していたのか、私の知るところではないが、歴史に残る拡大運動であった。

次項ではこの、およそ一九八〇～九〇年代の拡大運動について述べたいと思う。

2

反動攻撃期の拡大運動

反動攻撃期（一九八〇～九〇年代）の党勢ピークは、先のグラフ（七八頁）にあるように、一九八〇年三月第一五回大会から八二年七月第一六回大会である。数字はあらためて述べないが、一九九九年四月時の地方議員、四〇四三議席は、第一党の数字となる。党の議席数は党勢の反映であり、選挙での分析は必要だ。しかしそのときの選挙情勢、選挙制度、投票率など多くのファクターが影響するため、党勢それ自体の判断材料にはならない。党勢を判断するには、党員数と機関紙数がより重要だと考える。

一九八〇年二月第一五回大会は、五〇万の党員、四〇〇〇万の読者の党建設を打ち出した大会であった。七九年衆議院選で四一議席という躍進を遂げてその勢いを背景に党建設の高い目標への挑戦を目指す大会であった。

その後の党勢拡大運動の経過を追ってみよう。

一九八二年四月　党六〇周年記念大運動――全党への手紙

八三年七月　第一六回大会第五回中央委員会赤旗拡大党建設大運動

八四年三月　赤旗拡大と読者定着全国交流会

同　六月　七・一五党創立拡大運動
同　一一月　党拡大キャンペーン
八五年五月　党創立記念拡大キャンペーン
同　八〜一〇月　党拡大月間
八六年五月　機関紙の現状を打開し必ず前進を
同　七月　衆参同時選挙を総括――党拡大・党風刷新発表
八七年五月　党創立六五周年記念機関紙拡大月間
同　六月　党拡大月間目標達成へ力を集中を
同　八月　第一八回大会召集と党拡大運動
同　一〇月　全国活動者会議――党拡大と中間選挙の前進について
八八年一〇月　一一月までに全党的大会水準を突破最高時へ
一九九〇年五月　第一九回大会に向けて機関紙拡大
同　七月　一〇月まで三カ月間の拡大月間
九一年七月　党創立六九周年――党を学び党を語る機関紙拡大月間

九二年四月　参院選めざし五月まで二カ月の拡大運動

1 二つの問題点

反動攻撃期の拡大運動について、問題点を二つ挙げる。

一つは党員数と日刊紙購読者の差があることである。党員でありながら日刊紙を購読していない党員が相当数存在する。

もう一つは党員数の減少である。第一五回大会での宮本委員長の報告から試算すると党員は六四％の水準まで落ちている。数にして一七万人減である。

2 党の対応

党は座して見ていたのではない。一九八〇年から九二年の一二年間、私が調べた範囲では一七回の党勢拡大の全国的運動を展開している。一度の拡大運動が何カ月にもわたって取り組まれたことを考えると、この一二年間は、毎年、拡大運動が展開されていたと言える。大会における目標の実践という大儀にとどまらず、迫りくる党の危機感、党を守り強化するという、並々ならぬ決意が読み取れる。

3　問題の核心は何か

党員数を下回る日刊紙者、ピーク時の六割強にまで落ち込んだ党員数、この二つの問題点が、党建設の核心的なテーマと考える。

①共産党に入党するということは、党の機関紙である日刊紙を購読することと同意語である。それほど直結した、最も基本的な必須事項である。

党員数を日刊紙数が下回った時期は、一九九〇年七月第一九回大会前後である。その後、四半世紀にわたって深刻な状態が続いている。長期にわたる党の質的低下が、基本的なところで継続している。この問題への認識が問われている。

②党員減数の問題は、党建設の中で最も深刻な問題と考える。一七万人といえば、地方の中心的な都市の人口に匹敵する。

新たな党員を迎え入れるためには、膨大なエネルギーを投入しなければならない。入党する本人だけでなく、呼びかける側も厳しい思想闘争を何度も繰り返し、決意を固めて隊列に迎える。決意内容はそれぞれだが、一般的には国の進路と共に地域、職場、学園の抱える問題を何とかしたいために入党したという党員が多いのではないか。

私の個人的経験で恐縮するが、学校卒業後入った職場は、非独占の大企業（独占企業は生産と市場を支配する）であった。職場には二〇〇〇人以上の労働者が働いていた。私は四日に一度、二四時間勤務が組み込まれていた。月間時間外労働は一〇〇時間を超えていた。基本給よりも時間外手当のほうが多かった。私は高校時代バスケット部に所属、卒業後も地域のクラブ（YMCA）でバスケをやりたかったが、職場はそれを許さなかった。このことは私が労働組合運動に参加していく大きな動機となった。駅から会社までの通勤の道に、共産党の神戸西地区委員会の事務所があった。私はためらうことなく、事務所を訪ね、機関紙『赤旗』の購読を申し込んだ。共産党への入党はごく自然なものであった。このとき以来半世紀以上、今日も読者である。やがて職場に共産党の組織ができた。その会議では労働組合対策をはじめ、職場の問題がいつも話題になりよく討議を行った。長々と事例を持ち出したが、党に参加した党員の要求や課題がどのようなもので、それにどのように向き合い、取り上げられているのか、その例として記した。先に挙げた二つの問題点は、身近な要求や課題を、党が取り上げていないことを、象徴的に表しているのではないか。これが私の問題意識である。上位下達式の組織運営が行われ、党内民主主義が一面的になり、下からの意見が通らなくなっていたのではないか。

上級指導機関の民主集中制による、一面的指導・一面的運用が党の大勢を支配し、党中央の決定が優先され、支部の直面する課題に向き合っていないのではないのか。中央は、支部の問題まで含め、諸問題を統一的に理解して政策的指導を貫いてきたのか、疑問である。これらが党建設の大きな欠陥を生み、多くの党員が綱領を支持し認めながらも離党していった原因の主要な一つだと私は判断している。

異論も反論も承知の上で、党内民主主義の課題と表裏一体とも言える、この党運営における上位下達の官僚主義的な指導が、党建設の最大の問題点であると指摘しておかなければならない。

以上が私の結論である。この問題を、レーニンとボリシビキ党がどのように考え、扱ってきたのか、項を改めて紹介しよう。

主義と党運営の官僚主義を批判、「大会への手紙」（レーニンの遺言）を送るが、大会で公表されることはなかった。公開はソ連共産党第20回大会以降の1958年のことである。

マルクスとエンゲルスの正統的継承者として、死の間際まで社会変革への情熱は変わることはなかった。革命運動に身を投じながらもマルクスの思想理論の前進のために貢献。マルクス主義研究の集大成『哲学ノート』『なにをなすべきか』『一歩前進二歩後退』『民主主義革命における社会民主党の2つの戦術』『唯物論と経験批判論』『マルクス主義の三つの源泉と三つの構成部分』『カール・マルクス』等多くの著作がある。

党内にあって長く少数派であったが、妥協なく思想・理論闘争を展開、党の中心勢力に成長、異なる意見を排除せず、批判の機会、発言の場を提供し、強い信念を堅持しつつ、党内の活発な議論——党内民主主義——こそが党発展の活力を生むと説いた。

レーニンの心中、最も深く存在していたものは、ロシアとその国民、党員への限りない親愛の情であった。レーニンの夫人クルプスカヤは、レーニンの死の数日後の追悼演説で次のように語っている。「……あらゆる勤労者に対するあらゆる被抑圧者に対する燃えるような愛情、「ロシアの英雄的な革命運動の遺産として受け継いだ」この感情こそが彼をマルクスに近づけた原動力であった」。

レーニンその人の人間像はおおらかで、笑いを絶やさず、相手を包み込む許容量の大きさは人間的魅力に溢れていた。

ウラジミール・イリイッチ・レーニン（1870～1924）

ロシア及び世界の労働運動の指導者、革命家。ソ連共産党とその前身であるボリシビキ党の創設者。ソビエト共和国の初代人民委員会議長。1870年4月22日シンビリスク（現ウリヤノスク）に生まれた。父は国家教育施設に尽くした功労で貴族の称号が与えられた教育官吏であった。87年中学卒業の年に、兄アレキサンドルが皇帝暗殺未遂事件の主犯として処刑され、強い衝撃を受ける。同年カザン大学に入学するが、学生運動に加わり退学。翌88年ごろよりマルクス主義サークルに参加、マルクス・エンゲルスの著作を読み始める。97年2月、3年間のシベリア追放。流刑中、『ロシアに於ける資本主義の発達』を執筆出版し、クルプスカヤと結婚。流刑から戻ると国外へ脱出する。マルクス主義的政治新聞『イスクラ』の発行を組織し、1903年ロシア社会民主党の事実上の創立大会に参加、以降メンシビキ、左右の日和見主義との戦いにおいて実践的にも理論的にもその先頭に立ち、ボリシビキ（ロシア語多数派の意味）派を勝利に導く。権力を掌握後は、反革命勢力と外国帝国主義の干渉戦争から生まれたばかりの社会主義ソビエトを防衛するために戦う。また、平和と民族自決権、社会保障制度、男女同権、8時間労働制、有給休暇制度などを打ち出し、世界に大きな影響を与えた。18年8月、狙撃され重傷をおう。19年にコミンテルンが結成されると、世界の共産主義運動に指導と援助を与える。22年5月最初の脳血管発作を起こす。その後活動に復帰するも12月に再び発作、24年1月死去。病床にあってスターリンの民族問題に対する覇権

3

ボリシビキ党とレーニンの党建設論

十月社会主義革命から一〇〇年が過ぎた。スターリンによって変質そして崩壊に追い込まれたが、今日尚その歴史的意義は輝き続けている。

歴史家E・H・カーは「十月革命の影響は近代の他のいかなる歴史的事件よりも最も深く最も持続的な反響を世界中に及ぼしている源」と語っている。この十月革命を指導したボリシビキ党とレーニンに強い尊敬の思いを抱いている人は少なくないであろう。

その歴史から、多くのことを学びたい。一九七二年事件と日本共産党の党建設から浮かび上がってくる課題に即して紹介していく。

① 党内民主主義の発展の過程
② 批判の自由と行動の統一
③ 少数意見、反対論をどう扱っているか
④ 党グループに対する方針
⑤ ボリシビキ党組織の歴史的可変性について
⑥ 統制委員会に対する方針

以上の六点に要約される。参考にした文献は、『レーニン全集』、トロツキー『ロシア革命史』と『わが生涯』、メドヴェーデフ『共産主義とは何か』、藤井一行『民主集中制と党内民主主義』、上島武・中野徹三・藤井一行『トロツキーとゴルバチョフ』などである。

1　党内民主主義の発展の過程

ロシア社会民主労働党（ボリシビキ党の前身）は一八九八年に創立された。

レーニンは『何をなすべきか』（一九〇三年）、『一歩前進二歩後退』（一九〇五年）において、メンシビキ等他党派との戦いのための論理、又、その戦いを通じての党組織論を作りあげている。それと前後して、一九〇三年第二回党大会で、議長プレハーノフは閉会の言葉として、党の統一批判権、党内民主主義について的確に語っている。

「同志諸君、自覚的プロレタリアートの党たるロシア社会民主労働党は今後自らの綱領をもつ。綱領のある部分に対して、かなり多くの反論がされた。大会が同意することにならなかった反論を述べた同志たちは、多数に服さなければならない。……いったん採択された綱領には批判を加えることが出来ないということを意味するものではない。われわれは批判の自由を認めてきたし、認めているし、これからも認めるであろう。しかし、党員としてとどまることを願う者はその批判に於いてさえ、綱領の基盤のうえにとどまっていなければならない」。党内民主主義論が形成されたのである。

そして一九〇五年、第一回党協議会では、党の再組織について決議された。その中で初めて、民主主義的中央集権制の概念が導入される。その決議の概要は、

○民主主義的中央集権制の原理を争いの余地のないものと認める。

○地方の活動の強化のため、州ごとの党会議や州機関との結合を行うこと。

○地方組織を選挙制にもとづいて再編すること。

である。またこの時には、被選出機関の更迭制、活動の報告義務が新たに導入された。

2　批判の自由と行動の統一

ボリシビキ党（ロシア社会民主労働党）第三回大会（一九〇五年）の決議では、大会と規約を認め、規律に従うことを加入条件としていたが、他党との統合に必要な「主たる

組織上の諸原則」として六点の原則を挙げている。その中の一つに「党内のあらゆる少数派の権利が規約のうえに規定されること」を挙げている。

レーニンはある論文（「国会と社会民主党の戦術」一九〇六年）で次のように述べている。「単一の党のなかでは、党の行動を規定する戦術はひとつでなければならない。そういう単一の戦術となるのは党員の多数者の戦術でなければならない。すなわち、多数者が完全に明らかになったばあい、少数者は批判の権利ならびにつぎの大会での問題の解決をめざすアジテーションの権利を確保しつつ、その政治的行動においては多数者にしたがわなければならない」。

藤井一行は『民主集中制と党内民主主義』（七三〜七四頁）の中で、右記レーニンの指摘を受けて次のように解説している。第一に、少数者の権利の保障が、単に多数意思に対する保留という次元に於いてではなく、統一意思（多数）を批判し、かつ次の機会に自らが多数派となってみずからの意思を統一意思として、全党に表明しうる権利として意味づけられている。第二に、そうした少数者の権利は、多数者への服従の代償として意味づけられている。第三に、この多数者への少数者の服従は、行動に限定されたものである。

これが「批判の自由と行動の統一」の原則となる、根本の理論である。統一意思は多数により正しいと想定される。しかし、道を誤らないためには、常に統一意思を相対化しなければならない。レーニンはこのことを自覚していたと考えられる。

さらにレーニンは、一九〇六年、メンシビキ派との統合大会において少数派となった状況の中で批判の自由と行動の統一について数多く語っている。その紹介を行う。

①「批判の自由と行動の統一との相互関係」

相互関係が誤って捉えられているとし、「特定の行動の統一が破られない限り、いたるところで完全な批判の自由がある」と主張。また「党綱領の諸原則の範囲内」では批判は党の会合に於いても広範な集会に於いても出版物に於いても完全に自由でなければならない、とした。

その上で、行動の統一に於いてはいかなる批判も許されない。それを破ることも広範な集会でも党の会合でも党の出版物においても許されないのである。

②「党の規律と批判の自由」

レーニンは「行動の統一、討議と批判の自由」そのものを規律として捉えていた。そのような規律のみが先進的な階級の民主主義的な党にふさわしい規律である。さらに「討議と批判の自由がなければプロレタリアートは行動の統一を認めない」とまで言い切っている。さらにレーニンは党組織の自治権や反対派の権利を制限しようとする試みは、いかに小さなものであっても分裂を招くことになる、というのも、それは少数者のあらゆる権利、反対派のあらゆる権利の保障こそ統一と服従の前提となり、この前提がないときは分裂が不可避となるからである。

③「行動の統一」とは何か

レーニンにおいて「行動の統一」とは、所与の行動が開始され、推進される時点に於いての統一を意味している。「まだ行動への呼びかけがない間」は「決議、その趣旨、個々の命題に対する最も広範で自由な討議と評価」が必要である。

また論文「批判の自由と行動の統一」では、党大会が決定した国会選挙の事例を挙げて、選挙の際には「これに参加するな」と党員が呼びかけることも、選挙についての決定を批判することも許されないが、「選挙がまだ公示されていないような時期」に於いては、選挙参加という決定に対して党員が批判を加えることはいたるところで許される。

又、批判の対象は、中央委員会や大会の「決定」から党綱領の個々の条項や定式にまで及び、決定批判と行動の統一とは両立しうるものとして捉えられていた。

④全党の直接的意思表示とその根拠

意思決定の根拠は、ロシア社会民主労働党が「民主主義的に組織されている」ことにある。その内容は「党のすべての業務を、党のすべての成員が、直接にか、または代表者をつうじて、対等の権利にもとづいて、かついかなる例外もなく、行うこと」

にある。さらに「党のすべての役員、すべての指導的合議体、すべての指導機関は選挙制で、報告義務を持ち、更迭されるものである」。

レーニンはペテルブルグの党組織の最高機関である「代表者会議」（代議員制）に党全体の意思をいかに充分に反映させるべきかについて次のように語る。「問題の解決が真に民主主義的なものであるためには、選挙による組織代表を集めるだけでは不充分である。組織のすべての成員が、代表を選出する際に、全組織の関心を引いている係争問題について自主的に、自分で意思を述べるようにしなければならない」。重要テーマについてはレファレンダム（アンケート）を実施することを提起している。

レーニンは、いかなる場合にも上記のようにするべきだとは言っていない。しかし、ストライキや国会選挙などのような、大衆の政治的行動が問題となっている場合には、例外なくすべての党員から公然と意思表示を求めることを原則とする。こうすることによって党員の自覚的で確固とした意志が、決定に関与することが可能となる。

3　少数意見、反対論をどう扱っているか

共産党は言うまでもなく、共産主義社会の建設を究極の目標とする人々の自発的な結社である。この党は一つの統一体として機能するところに意義がある。この統一体を確保する最も基礎的な用件が党の綱領と規約である。綱領を認める点で一致を見れば、他のすべての問題で意思の統一に向かうことができる。運動の過程で生じる個別的な問題について、共産党員の間にあい対する意見が生じることは、否定しえない。党としては、多数意見によって意思を統一形成するが、しかしなお少数意見は存在するであろう。党規約では、少数意見は多数意見に従う拘束性を定めている。

レーニンとボリシビキ党はこの少数意見あるいは反対論をどう扱っているか紹介する。党の創設された一八九八年からレーニンがその活動能力を失う一九二三年春までの間の〝少数意見・反対論〟を見ていくことにする。

①党創立直後の綱領作成時におけるレーニンの見解

○「当の綱領作成は決してあらゆる議論に終止符を打つものではない。だがそれはわれわれの運動の性格と目的と任務についての基本的な見解、すなわち個別

的な問題に関する党員間の意見不一致にもかかわらず、結束した単一のものとしてとどまり戦う党の旗印として役立つ見解をしっかりと確立するであろう」。（全集第四巻二四五頁）

○個別的な問題の不一致についてエンゲルスも所見を発言している。「基本的な問題での意見の一致のもとでも個別的具体的な問題に関しては対応の違いがありうる」のは当然のこととして考えていた。

○党員間の意見の不一致を処理する方法について、レーニンは、「綱領は手段（政治闘争の手段のこと）の問題に関してこれを未解決のまま残し……党の戦術を確定する各級の党大会にその選択を委ねなければならない。戦術の諸問題は、党機関紙のうえで審議され最終的には党大会で解決されるだろう」（全集第四巻二五二頁）と述べている。

このように、非合法化の党にあっても、意思決定方式が提起されている。

さらに異なる意見については、「……われわれは、あらゆる問題をみずからの特定の見地から審議しながらも、機関紙の紙上での同志たちのあいだの論戦を決してしりぞけるものではない。ロシアのすべての社会民主主義者と自覚的な労働者のまえでの公然たる論戦は、現にある意見の相違の深さを明らかにするため、係争問題を全面的に審議するため……不可欠であり、のぞましい。……明らかにくいちがっている諸見解の間の公然たる論戦の欠如、きわめて重大な問題についての意見の相違をおしかくしておこうとする志向を、われわれは現在の運動の欠陥の一つとさえ考えるものである」と記している（全集第四巻三八八〜三八九頁）。

レーニンは公然たる論戦による争点の明確化、それを通じてのより高い次元での思想的統一、見解の相違の止揚という方式を集団的意思の形成の方法として提唱していた。

②多数決と批判の自由

既に引用した（本書九五頁）、一九〇三年第二回党大会で大会議長を務めたプレハーノフの閉会の言葉を参照のこと。

③党内検閲の否定

党協議会（一九〇四年一月）に於いてレーニンは、党内に於ける意見の相違の発生の不可避性について「多種多様な諸問題をめぐってあれこれの意見の相違は、党内にあっては常にあった。これからも不可避個的にあらわれてくるだろう」。又「あれこれの数の党員があれこれの中央部の活動の一定の色合いに、その傾向の一定の特徴に、あるいはその人的構成等に不満を持つと言う場合は、わが党にはあるし、大きな党には常にあることだろう。そのような党員は同志的な意見交換と党の出版物の紙上での論戦で自分の不満の理由と性格を明らかにすることが出来るし、またしなければならない」。

レーニンは「言論の自由と論戦の自由を制限するための検閲はわれわれのあいだにはない」と言っている。

エンゲルスも同じ立場に立っていた。エンゲルスは、デンマーク社会民主党に起きた少数派処分問題に関連して次のように述べている。「一つの党の内部に穏健派と過激派の傾向が生まれ、あい争うのは、その党が生き、大きく成長するために必要なことです。……労働運動は現在の社会に対する最も鋭利な批判に根ざしている。批判はこの運動になくてはならない生命の糧です。労働運動はみずからの批判を抑えようとか、議論を禁じようとかそのようなことができるのでしょうか。……」（一八九八年一二月トルエル宛の手紙の草稿）。

④少数派の権利の保障

一九〇四年八月レーニンの提唱によって、ジュネーブでボリシビキ党の会合が開かれる。そこで、レーニンが起草した「党に訴える」という文書が採択される。この文書は第三回大会で実現されるべき重要な改革として三点を示しその三点目に「あらゆる少数派の権利を規約の上で保障しそれによって意見のちがいや不満や立腹の恒常的かつ除去しがたい源泉を、従来のようなサークル的な、俗物的な泥仕合や口論の水路から、信念のための、正式の品位ある闘いという、まだ習慣になっていない、水路へ導く」と述べられている。

そしてそのために、四つの措置として、⑴少数派にたいして大会への代表権を与えること、⑵党中央諸機関の活動にたいする批判の機会を与えること、⑶委員会（地方委員会）が必要とする党出版物を入手する権利を正式に承認すること、⑷委員会（地方委員会）の人的権構成に影響を与える中央委員会の権限を正式に規定すること（全集第七巻四九二～四九三頁）を挙げた。

こうした少数派の権利の保障に関する改革措置はメンシビキとの統一という必要性から生みだされたものであるが、「少数派」がメンシビキのみを念頭に置いたものではなくあらゆる少数派を対象としていることは、レーニンの補足によっても明らかである。又、レーニンとボリシビキ派がこの時点で党内の少数派と化したがゆえに、みずからの権利の主張のためにこれを提唱したという誤解がある。ボリシビキ派が少数派となるのはこのアピールから二年後の第四回大会に於いてである。この提起はあくまでも党の統一の条件として出されたものである。

⑤少数派の文書発行権の明文化

一九〇五年春第三回党大会（メンシビキ側は大会をボイコット）では、ここに述べてきた一連の民主主義的な原則が規約改正によって公式に確立された。

規約改正についてレーニンはどのように考えていたのか。「ロシア社会民主労働党の第三回大会についての通知」という新中央委員会の名による文書は、少数派の大会ボイコットにもかかわらず大会が「少数派が一つの党のなかで多数派と一緒に活動できるようにあらゆる手段をとった」として、特に党規約の第七条にふれて「大会はあらゆる少数派の権利にかんして全党員にとって拘束的な党規約によって認証された正確かつ明確な保障を作り出した。いまでは少数派は論争と意見の違いが組織破壊を招き肯定的な活動を妨げ、われわれの力を分散させ、専制と資本家にたいする一致した闘争をはばむようなことさえなければ、みずからの見解を主張し通し、思想闘争を行う無条件の党規約で保障された権利を持っている」と述べる。

さらにレーニンは、「国会と社会民主党の戦術」（一九〇六年）という論文の中で「単一の党のなかでは党の直接的行動を規定する戦術は一つでなければならない。そういう単一の戦術となるのは党員の多数者の戦術でなければならない。すなわち、多数者が完全に明らかになった場合、少数者は批判の権利ならびに次の大会での問題解決をめざしてのアジテーションの権利を確保しつつ、その政治行動においては多数者に従わなければならない」と記した（全集第一〇巻九五～九六頁）。

4　党グループに対する方針

党グループが中央と意見が異なる場合は、中央はそれを持ち帰り、中央委員会で再討議して提案する。大事なことは、党グループが中央の方針を納得することであると、レーニンは指摘している。中央の決定だからといって決して押し付けていない。

一九一九年の規約では、党機関と党グループとの相互関係が数カ条にわたって定められている（一九二二年規約も同じ）。

5　ボリシビキ党組織の歴史的可変性について

第一〇回党大会は一九二一年三月開催。ボリシビキ党の組織論を理論的に定式化したものとして極めて重要な意味を持つ。一一項目を決議しているが、その中から最も重要な決議の一文を紹介する。

「一般的前提」は、党の組織形態と活動方法の歴史的可変性という性格を明確に規定している。

「革命的マルクス主義の党は、革命段階のすべての段階に通用する絶対的に正しい党の組織形態というもの、その活動形態というものの探求を根本的に否定する。反対に組織形態と活動方法は完全に、所与の具体的・歴史的状況の諸特質から直接的に生み出される課題によって規定される」。

この見解からすれば、組織形態や照応する活動方法も、革命の発展の客観的諸条件の変化に伴って、党組織発展の形態に転化しかねないことが理解できる。反対に、通用しなくなった組織形態も、照応する客観的諸条件の復活にさいしては、再び不可欠で唯一のものとなりうるのである。

ここに於いて、党の組織形態・活動方法の歴史的被制約性、客観的諸条件との弁証法的関連性が定式化されている。これが、結党以来レーニンとボリシビキ党が一貫してとってきた立場を大会に於いて再確認したものである。決議案の報告に当たったブハーリンは、この命題を「初歩的マルクス主義的真理」であると報告した。「共産党は他の諸組織と違い最も先進的な階級の最も先進的な分子の組織であり、かつ〝思考実験室・全行動装置の頭脳〟であるがゆえに、共産党の内部では最も多くの民主主義が許容される。これに対置されるのが軍隊である」。

6 統制委員会に対する方針

第九回党協議会（一九二〇年）でのレーニンの提言によって統制委員会が設置されることになった。この委員会は、党員として最大の訓練をつんだ、最も経験が深く公明正大で厳しく党統制を実行できる能力のある同志で構成される（大会で選出）。

その任務は、「あらゆる苦情」を取り上げて処理することである。つまり、統制委員会は一種の苦情・紛争処理機関として発足する。この問題の報告に当たったジノーヴィエフは、この機関を党員の権力乱用を取り締まることを目的とした、「共産主義的名誉の裁判所」あるいは純粋に党的な「監督部」と性格付けをした。ボリシビキ党としては、この時期まだ党のなかでの「統制」の機能の必要性を自覚していなかった。しかし、レーニンは『何をなすべきか』のなかで既に「統制」の重要性について言及している。

その後、第一〇回大会でいっそう、その任務、機構、地位が明確化される。大会での統制委員会報告では、扱った五〇件について、その大部分が機関幹部の「権力乱用」に関係しており、それは「広範な党員大衆と党組織からの遊離」と「独特の権力観」に起因しているとしている。同大会の統制委員会に関する決議と発言を、以下に紹介する。

統制委員会報告に立ったソーリッツは次のように主張し提案した。

「統制委員会のメンバーは党委員会のメンバーであってはならない、行政上のポストに就いてはならないことも指摘しなければならない。これは最も必要なことである。……統制委員会には行政者ではなく、この行政者を第三者で見るような人々がはいらなければならない。大会の決議は統制委員会の任務についての規定「党の統一と権威」を強化するために統制委員会が設置される」。

統制委員会の任務は「党にしのびこむ官僚主義、出世主義、党員による党とソヴェトでみずからの地位の濫用とのたたかい、党内における同志的諸関係の破壊との戦い、党または党の個々の成員を辱める根拠のない、不確かなうわさ、党の統一と権威を破壊する中傷、およびその他の類似の情報の流布とのたたかいである」。

「統制委員会は提出される意見書を注意深く解明するだけでなく、前項で記されたような許しがたい現象をつくりだしたり、その助長したりする原因の除去についてイニシアティブをとる機関にもならなければならない。それと同時に、統制委員会は、党員の犯罪や過失に関する提訴と意見書のすべてがしかるべき処理と解決をうけるように見守り配慮する」。

統制委員会設置の仕方についての規定は「統制委員会は、大会と州と県に、大会と州、県の党会議での選挙によって組織される」。

統制機能の独立性は次のように保障される。

「統制委員会のメンバーは、党委員会のメンバーであることはできず、責任ある行政上のポストにつくことはできない」。

さらにつぎのような身分保障条項がある。

「統制委員会のメンバーはその全権の期限が満了するまでほかの仕事に移ることはで

きない」。

統制委員会の独立性は、党委員会との権限関係を次のように規定する。「統制委員会の決定は対応する党委員会によって執行される。後者はそれを破壊することは出来ない。意見不一致の場合は合同会議に持ち込まれる。党委員会の合意が取り付けられないときは、大会または対応する党会議での解決に移される。（注）急を要する場合は、一級上の統制委員会に移される」。

第一二回大会におけるレーニンが、死を前にして最も気づかっていた問題の一つがこの統制委員会のあり方であった。そして中央統制委員会の構成と権限・機能の改革を次のように提案する。「労働者と農民の中から、七五～一〇〇名のメンバーを新しく選出すること」。その機能については「わが中央委員会は、厳しく中央集権化された、高い権威をもつグループと化したが、このグループの活動はその権威にふさわしい諸条件のもとに置かれていない。私の提言する改革はこれらを助けるにちがいない。その一定数が政治局のすべての会議に出席する義務を負う中央統制委員会のメンバーは、結束したグループをかたちづくらなければならず、このグループは、自分たちが尋問を行い、文書を点検し、総じて事態に無条件に通暁し、それがこのうえなく厳しく正確に処理されるように努力すること、だれの権威であれ（書記長のそれであれ、中央委員会のメンバーのだれかのそれであれ）防げ得ないように、だれにはばかることなく監視しなければならない」。こうしたレーニンの提言が真に確保されていたならば、のちの悲劇を未然に防ぐことが出来たであろう。

レーニン時代のボリシビキ党の規約
—1922 年第 12 回ロシア協議会で制定「ロシア共産党規約」より—

「党外組織グループについて」第 60 ～ 66 条
（この中の第 62 条のみを引用）
グループはその意義に変わりなく、対応する党組織に完全に従属する。対応する党組織の正式の決定が存在しているすべての問題に関してグループは厳重にかつ確固としてその決定を堅持する義務を負う。委員会は任意のメンバーをグループの構成に加えかつ召集する権利を持つ。ただし、そのような措置をとる理由を必ずグループに知らせなければならない。自己の内部的生活と当面の活動の諸問題においてグループは自治権を持つ。グループの権限内に属する何らかの問題で党委員会とグループのあいだに重大な意見の違いがある場合には、委員会はグループの代表と共にその問題を重ねて検討し、最終的な決定を下さなければならない。その決定はグループの側では直ちに実行しなければならない。

十月社会主義革命がもたらした成果
—聴濤弘著『ロシア十月革命とは何だったのか』より—

① 第一次世界大戦を終わらせる「平和の布告」
② 民族自決権の承認
③ 8 時間労働制の実施
④ 有給休暇、医療無料化など社会保障制度、教育無料化の導入
⑤ 1919 年 ILO（国際労働機関）設立の上で十月革命は大きな影響を与えた
⑥ ドイツのワイマール憲法は十月革命の強い影響を受け、労働権、生存権を明記

4

組織的・理論的発展

共産党は三〇年に及ぶ停滞から脱却、二〇一四年の総選挙で二一議席を得て、転機を迎えた。党勢は上昇に向かい始めている――これが共産党自身の現状の分析と認識である。具体的なその内容は、二〇一四年の衆議院選挙で二一議席を獲得したこと、一九八〇年の社会党・公明党（社公合意）による共産党排除が崩れたこと、参議院選挙一人区三二の内一一選挙区で野党統一候補が勝利をしたことなどが挙げられる。反共勢力による嵐のような反共攻撃の展開、この批判の大合唱に抗して戦った果てに、ようやく党勢が上向いてきたのである。

三十数年の後退を数字の上で再確認しておこう（日本共産党理論誌『前衛』二〇一七年五月号中井作太郎論文より）。

党員　一九八七年一一月第一八回大会　四八万人　現在三〇万人　三八％減
日刊紙　一九八〇年二月第一五回大会　七三万余
日曜版　同右　八一万余　現在一一三万人　六八％減

党員四〇％、新聞で七〇％減というのは三十数年の時間差を差し引いても衝撃的な後退と言わなければならない。中井論文では、「党建設三十数年の格闘」と語っているがその内容についてはあまり立ち入って言及していない。私はもう少し具体的に整理し分析しなければならないのではないかと思う。

では、日本共産党の党建設論が機能しないのは何故なのか、労働者階級と青年のあいだで後退は何故起きたのか、新しい党員と読者は何故党に定着しないのか。この三項目を解明することが、党建設のための指針になると考える。

1　日本共産党の党建設論は何故機能しないのか

もちろん、党建設につながると思われる決定や基準は、数多く認められる。その主なものを挙げていく。

①一九六六年　第一〇回大会党建設六点

・科学的社会主義を学び、綱領の総路線を学び、あらゆる党破壊と戦う強靭な党建設

・基本的大衆組織を拡大強化する

・持続的に党勢を拡大し読者を尊重する

・政策と計画を持って任務を分担し自覚的積極的支部活動を進める
・機関の正しい計画的、積極的指導、幹部の質的向上
・赤旗を党活動、党と大衆との結合の中心にすえる
②一九七一年　党の組織活動改善の手引き
③一九七二年　党創立五〇周年、創立の原点（以下三点）
・国民の根本的利益
・革命の伝統。歴史の継承発展
・世界の進歩と連帯
＊共産党の歴史に何の誤りもなかったという、過去を無条件に正当化する無謬主義はとらない。
④一九七六年　第一二回大会第九回中央委員会
・自由と民主主義の宣言　決議
＊宮本委員長「党こそ歴史的にも理論的にも自由と民主主義の確固とした戦士である」

⑤一九七七年　多数者革命をめざす大衆的前衛党三つの特性
・科学的社会主義の理論で武装された労働者階級の前衛部隊
・大衆と結びついた大きな党員の隊列の党
・民主集中制の規律で統一された有機体
⑥一九七七年　新入党員教育月間　四科義務（綱領・規約・党史・社会主義）
⑦一九七八年
・学生支部活動の手引き
・支部機関紙活動の手引き
・分局機関紙活動の手引き
・学生党員及び民青同盟幹部の学習目標（日本革命の展望、唯物論と経験批判論、資本論）
・第一四回大会第五回中央委員会決議「すべての党員の初心と善意をみのらせるために党生活の整備確立について」
⑧一九八一年　新しい機関紙活動の手引き

⑨一九八二年　第一六回大会　党生活四基準
・支部会議を定期的に開き、全員が参加する
・党費を納める
・学習に努め、党活動に参加する
・「赤旗」を読み、紙代を納める
⑩同右　党風確立四基準
・大衆に対する態度の上で、要求や不満に耳を傾けその利益の擁護につとめ、大衆に接する際にも親切で謙虚で民主的な社会常識と節度にかなった態度をとること
・真のヒューマニズムと同志愛にみちた党生活を確立すること
・革命的初心にたちかえり革命的気概と大志をもって立ち向かい党生活上のマンネリズムを打破していくこと
・民主集中制の規律と思想を不断に全党の血肉にしていくこと
⑪同右　機関紙活動六原則

・紙面の充実・拡大・配達・集金・採算・読者との結びつき
⑫同右「教育立党」という考え方（一九七七年第一四回大会）と各種の教育制度が作られる
⑬一九八四年　第一六回大会第七回中央委員会　日本の反共風土について分析
・戦前の絶対主義的天皇制のもとでの「国賊」「アカ」攻撃
・戦後のアメリカ軍による〝共産主義は民主主義の破壊者〟という攻撃
・独占資本による思想差別や弾圧
・「左」を装った反共集団の攻撃
・ソ連、中国、北朝鮮による否定的な事態からの反共偏見の増幅
＊反共偏見の克服は戦略的意義を持つと強調
⑭一九八四年第一回全国協議会「ハタ拡大と定着、全国交流集会」
⑮一九八五年　第一七回大会
・社会主義の成果を認めつつも生成期の歴史的制約は免れない
・この一〇年、戦後第二の反動攻勢期、一進一退。その中での党は全党員の自覚

的活動、党の質的建設の遅れ

⑯二〇〇〇年一一月　第二二回大会において規約改定し、党の性格および民主集中制について明文化する

以上、党建設にかかわる手引き、基準、決議を、発表されている党史及び決議を中心に拾い上げた。そのボリュームは相当なものである。これだけ数多くのことを積み重ね、追求してきた努力には頭が下がる。しかし、党の量的拡大は、質的変化へと弁証法的に発展することなく、定着もなかった。これは事実として、前進的な成果に繋がらなかった点を率直に認めなければならない。

上記に記した①〜⑯項の多くは、手引き基準といった実務的な水準のものが多く含まれている。上記の数多くの提案と提起そして基準は必要なものに相違ないが、党の組織的理論的建設に繋がったとは思えない。

何故、長期に渡って後退が続いたのか。後退の長期性と党員減の量的巨大さの二つの問題の深刻性からは、党建設理論が機能したとはとても言えない。

最近の党中央の見解では、党の長期後退の原因を、一九八〇年の社公合意による共産党排除の体制にあると分析し、それが今、国民の闘いと共産党の前進によって崩壊したと発表している。党によれば、これが最大の客観的原因なのだ。この指摘は是としても、では主体的な問題は無かったのか。それについて党は、これまでその都度明らかにしてきたと、あっさり省略し、触れていない。

「主体的な問題については、その都度明らかにしてきた」（志位委員長）とは何を指すのか、私が拾い上げた十数項目の基準決議を指しているのであろうか。私が不勉強のためにその情報を入手していないだけなのかもしれないが、党建設の総括についての発言と決議は、寡聞にして知らない。

党建設についての最近の論文を読んだ。そこには、「党建設三十数年の格闘」（『前衛』二〇一七年五月、中井作太郎党建設委員会責任者の論文）と表現された美しい言葉がある。しかしそれによって、過去の党建設の失敗を覆ってはならない。東西の壁が崩れた新しい情勢のもと、「探求と開拓」というキーワードで党の自己変革・自己脱皮によって、五〇万の党員、二〇〇万の読者を獲得すると、その目標を掲げているが、達成できるのであろうか。

日本共産党は、各所で積極的な理論的貢献を行っている。国際共産主義運動での理論的見解、マルクス主義研究での今日的解釈、国政における政治方針の正確な提起など、これらはすべて、どの政党の理論よりも秀で、優位性を持っている。

しかし、党組織そのものの主体的本格的な分析は、著しく立ち遅れている。五〇年問題の総括の中で明らかになった「反対論の組織的排除を行ってはならない」という結論が規約として取り入れられたのは、五〇年問題の総括から四〇年余り後の第二二回大会（二〇〇〇年一一月）である。私はこんなところにも党の組織問題に対する問題意識の希薄さが横たわっているように思えてならない。

党中央自身の組織的理論的な検討を行うことこそ喫緊の大きなテーマではないのか。その出発点は、「党とは何か」でなければならない。

党員一人一人の心に灯をともすものは、客観的要因とともに主体的要因の分析が必要である。それらによって、党員の心は揺り動かされる。それができなければ、党の建設は一部先進分子のみの活動に終わり、目標の達成などは夢のまた夢、拡大しても又減っていく悪循環を繰り返すだけであろう。

2　労働者階級と青年の間で後退と崩壊は何故起きたのか

青年と労働者は、革新政党にとって中核的な存在である。その組織の後退と崩壊が進んだ。それは何故か。

一九七二年事件によって青年同盟の幹部が大量に「卒業」した。それによって同盟を守り維持していくことが出来なくなった。

一九七〇年代、共産党中央は青年同盟に対して「生きがいサークル」活動の取り組みを提案、数年後には一〇万人の組織に拡大、青年同盟の拡大も進んだ。しかしサークル活動に集中するあまり、青年同盟の基礎組織である班の会議は開かれず、同盟費の納入も低下していく悪循環に陥った。組織は後退を余儀なくされた。

心配されていたことが現実となったのである。青年同盟は青年の自主的組織であり共産党の付属物でも下部組織でもない。二〇万人の青年同盟を維持することは容易なことではない。党中央の判断は、あまりにも安易であるだけでなく、青年同盟についての基本的で原則的な認識が欠落している。

繰り返しになるが、一九七二年事件にかかわった青年同盟の幹部すべてが分派の烙印を押され、反論など一切が容認されなかったことは、後退と崩壊の原因の一つとなった。党中央は心ある党員から寄せられた意見書や申し入れ書を、一切公開せず解決済みとして処理した。事件は党員と同盟員を動揺させ、特に青年の党と同盟に対する信頼性を後退させ、党の求心力は落ちた。事態は深刻化し、党運営は党自体の党派性のもとに置かれ、硬直性が一層強くなった。

労働者の中での党の後退は、資本の全面的な攻撃が開始されたことが大きな原因としてあるだろう。資本の側は一九六〇年代の職場に於ける党と青年同盟の前進に脅威を感じ、その対策に本格的に乗り出した。日経連など経営者団体は、御用学者や党から追放された分裂主義者などを動員し、職場の共産党と青年同盟の実態の把握・分析を行い、その対策を作り上げた。その攻撃は、組織的・集団的・個別的・系統的・連続的なものであった。活動家は思想的にも物質的にも差別された。

党中央からは民主連合政府構想が提唱されたが、その関心は議会と選挙にあり、職場における資本との対峙には向けられていなかった。

又、大企業が広く採用していた、若い有能な人材を獲得する養成工制度は、廃止された。こうした資本の攻勢に、党は対応できなかった。

今一つ、党が労働者の中で影響力を獲得できない原因は、一九六四年官公労の四・一七スト中止と、一九八九年自覚的労働組合連合の誕生であろう。この二つの出来事は、有形無形に党と労働者（階級）の間に隔たりを生み、共産党に対する悪いイメージを作る契機となり、その記憶は長く労働者の中に沈滞していると考えられる。本来であればこの二点についても項を起こし、検討を加えるべきであるが、紙幅の関係上、それは機を改めることにしたい。

3　新しい党員と読者は何故党に定着しないのか

党の拡大運動は、結果的に新党員の定着をもたらさなかった。原因は何か。

一つには、拡大運動が党員の一部の運動に終わったことが挙げられる。拡大には攻めのエネルギーが求められ、拡大した陣地を定着させるには守りのエネルギーが求められる。守るには、攻めのエネルギーの何倍もの力を投入しなければならない。先進分子が中心の、少ない党員数による拡大運動では、その陣地を守りきれないのが現実である。定着の鍵は、全党員が参加する党活動が展開できるか否かにかかっている。そのために、どんな問題にメスを入れなければならないか。「守る」という表現は一見活動が守勢に入る印象を与えるが、粘り強い精神、不屈の党派性がなければ、獲得した水準を維持していくことは困難である。それゆえその攻防は、全員が参加するきわめて高い水準の党活動でなければならない。全員の参加する党とは、党内民主主義が活発に生き生きと展開されている党に他ならない。トロツキーは「全党の英知は生き生きとした積極的な（多様で集団的な）党内民主主義のもとで獲得でき、ここに何者にも増して優れた優位性が存在する」と語っている（「われわれの政治課題」一九〇四年）。この指摘は今日においても燦然と輝いている。党内民主主義が「全員参加」をもたらし、それによって不撓不屈の精神が育まれる。獲得した陣地防衛にはこうした党建設が必要である。

以上三項目に渡って、日本共産党の党建設について、私なりに問題点を示した。しかしこれは、総括を本格的に開始する出発点に過ぎない。

今ここで思うに、全国的な政治課題にとどまらず、地域における対決点となっている課題、あるいは各分野、それぞれの仕事、労働運動、青年、婦人、思想、芸術、文化等における課題とそれをやり遂げていくことによってどのような世界と闘いのフィールドが拡がるのかを見定め、そこに個人の未来を重ねていく。それでこそ、人間として、党員として、成長と喜びが見出されていくのではないのか。

共産党には、下部組織の各支部を構成する党員個々の集団的展望と個人的展望を提示することが求められている。これは共産党の長い歴史の中で、成し遂げられていない課題である。かつてこんな事例に出会ったことがある。ひとりの大学院生党員の将来について、研究職の道をとることを党機関が認め、研究職優先を党活動として保証したのである。その党員はその後、公立大学の経済学部の教授として活躍した。こうした事例は一定の知的水準のある事業体、集団においては特別のことではない。私が三〇年近くお世話になった事業体グループでは、本業とそこで働く職員の個人的展望の統一についてよく議論された。この事例を見るまでもなく、こうした党活動が党建設の一つの大きなテーマとして存在しているように思う。

次項に於いて共産党のどこをどう変えていくのか提案を行う。

レオン・トロツキー（1879～1940）

南ウクライナ出身の革命家。ロシア共産党政治局員（1917-1926）。19歳の時、地下活動で逮捕。流刑地を脱走し西欧にてレーニン、プレハーノフ等と合流。『イスクラ』というロシア向け新聞の編集に参加。1903年、ロシア社会民主労働党（共産党の前身）の組織問題をめぐってレーニン等と対立、ボリシビキと袂を別つ。以来1917年の革命時期までの14年間、ボリシビキとは絶縁。1917年2月、ロシア革命により帝政が崩壊すると、急遽アメリカより帰国、レーニンのボリシビキ党と連携し、革命を次のプロレタリア革命の段階に進めるべく奮闘する。社会主義革命とその後の建設において果たした役割は、レーニンとともにその双璧を構成、社会主義権力を擁護、内戦の激動を最前線で指導し、戦いぬいた、稀有な革命家である。遺した著作は多くはないが、『わが生涯』（1930年）、『ロシア革命史全5巻』（1931年）はトロツキーの革命家としての自己形成と社会主義建設に関する比類なき記録として高く評価されている。1940年夏、終焉の地で書いた遺書は「人生は美しい、未来の世代として一切の悪と抑圧と暴力を一掃させ、生を心ゆくまで享受せしめよ」。

レーニンのトロツキーについての幹部としての評価は、「同志トロツキーの誠実さはまったく非の打ち所がないものである」。スターリンへの無制限の道徳的不適格という断定に対しトロツキーには無制限の道徳的信任状を与えた。スターリンの放った暗殺者によって亡命の国メキシコで殺される。

50年問題

1950年、徳田球一を中心とするグループが、日本共産党中央委員会を解体し党を分裂させた問題。戦後、党史上最大の誤りとされる。55年7月第6回全国協議会（六全協）をへて58年第7回党大会で統一を回復。同大会で50年問題を総括し、教訓を明らかにした。

党の統一と団結をまもり、その中心となる中央委員会を保持することの重要性、党の指導と活動は党規約と民主集中制の原則に基づいて行うこと、等が明らかにされた。73年第12回党大会の決定に基づき、翌74年『前衛』2月号に「戦後の文化政策をめぐる党指導上の問題について——文化分野での『50年問題』の総括」が発表。各種の偏向は基本的に是正され克服された。

5

提言

党建設の三つの問題点を再確認しておきたい。
その一　党勢の長期停滞と後退（党員と新聞）
その二　拡大しても定着しない
その三　新聞を読まない党員がいる
共産党は党建設――基準・手順・手続き――について数多くの決議を発表している。その内容については、前章「4　組織的・理論的発展」の中で紹介しているので繰り返さないが、上記三点が前進と改善に役立っているのかいないのか、党建設の到達点は、党が発表してきた党建設の基準等が相対的に見て党の建設に繋がらなかったことを示している。
『前衛』二〇一七年五月号の中井論文では次のように伝えている。「未踏の領域」「探求と開拓」をキーワードに……党自身が自己変革、自己脱皮をと語っているが、どこをどう変えていくのかは語られていない。
最も重要なのは党中央自身が党そのものの変革と脱皮を具体的に提示しなければならないと考える。

1　党の現状認識に終止符を打つ

一九二一年第一〇回大会で定式化されたボリシビキ党の党建設論には、次の決議がある。

「民主主義的中央集権制（民主集中制）の定式は、異なる国の党に於いて同一の党のあいことなる発展段階に於いて必然的にあいことなるあらわれかたをしなければならない。民主集中制は決して相互に普遍の比率で存在するのではない。すべて具体的な状況、その国の政治情勢、党の力量と経験、党員全体の水準、指導部が獲得している権威にかかっている」。

こうした命題を前にするとき、日本の党はいかに保守的で硬直性の強い頑迷な組織になっているか知ることが出来るであろう。勇気を出して党を変えるために、党そのものの主体について、全面的な総括を実施しなければならない。客観的な情勢の変化や市民の大衆行動への参加の広がりだけで党勢の拡大や党建設が前進すると考えるのは、党内情勢についての認識が甘いのではないのか。党建設の厳しさ、困難さについて、党の今の現状認識は不十分である。

現状の党建設に終止符を打つときが迫っているのではないか。

2　党官僚主義の対極にある党内民主主義

このテーマを取り上げる時、私の問題意識の中にある二つのことが、歴史的事実として思い当たる。

その一つは、一九六八～六九年、『毎日新聞』の企画で「政権を取ったらどんな社会保障政策を執るか」の中で、共産党が政権を取った時、他の政党の存在と活動を認めるのかと問われ、当時の宮本委員長は、憲法を守ることを前提にその党の存在と活動を認めることを明らかにしている。一九七六年第一三回臨時党大会に於いても複数政党下での社会主義日本の展望を決議している。

もう一つは同年の第一三回臨時党大会で発表した「自由と民主主義の宣言」である。その柱は生存の自由、政治的自由、民族の自由の三点である。この三つの自由が著しく踏みにじられている現状を分析し、党は自由と民主主義の獲得のために戦いぬくことを高らかに謳いあげている。

以上、紹介したことは一個人の問題意識を超えて日本の市民にとっても極めて重要な発言であり決議である。日本共産党はどのような政党なのか、どのような組織なのか、その一部を明確に示したものとして積極性に富んだ提起である。

これだけの発言と決議を社会に向かって明らかにしている政党が、その組織の内部において民主主義をどのように保証しているのか、どのように担保されているのか。

注目すべき点は既に紹介しているように、共産党規約第三条「組織原則としての民主集中制」五項目の内容に於いて、党内に於ける反対論を持つ党員を組織的に排除してはならないことを明記していることである。この点は是とするが、此処から先の反対論に対する取り扱いは明記されていない。法律で言えば笊法となっている。これでは党内民主主義の成長と発展は望めないのではないか。

ボリシビキ党とレーニンはこの点について極めて重要な考え方と方針を持っている。そこに流れている精神と思想は、反対論や少数意見については党建設の根幹、党内民主主義の源泉と捉えている。

レーニンは「行動の統一、討議と批判の自由」そのものが党の規律であるとして、そのような規律のみが先進的な階級の民主主義的な党にふさわしいと捉えた。

さらに、「討議と批判の自由がなければプロレタリアートは行動の統一を認めない」「党組織の自治権や反対派の権利を制限しようとする試みは、いかに小さいものであっても分裂を招くことになる」「それは少数者のあらゆる権利、反対派のあらゆる権利の保障こそ統一と服従の前提となる」と述べている。

エンゲルスも、デンマーク社会民主党に起きた少数派処分問題に関連して議論を禁じるようなことがあってはならないことを指摘しているのは、既に紹介した。

いずれも、少数意見に対する論戦、公開制、党内の活発な議論を通して、高い次元での思想的統一や見解の相違の止揚を、集団的意志形成の方法（論）と考え、提起している。この党建設の思想こそ重要と考える。

提案に移ろう。

提案その一

共産党の機関紙『赤旗』の一ページ全紙面を党内外の人々に提供する

『赤旗』の紙面を、少数意見・反対論のみにとどまらず、下からの提案、提言発言の場とし、下からの民主主義を活発に展開する。さらに市民からの投稿、発言も大いに掲載する。共産党の閉鎖性を公開制に転換する一歩としていく。

かつて共産党は、一九五五年中央機関紙『アカハタ』で、「文化人からの党への言葉」という企画を行っている。そこでは多くの文化人が発言した。一部の人を紹介する。岡本太郎（画家）、武者小路実篤（作家）、桑原武夫（京大教授）吉村公三郎（映画監督）、坪田譲二（童話作家）、徳川夢声（放送作家）、大内力（東大教員）、中野好夫（評論家）、渋谷天外（俳優）、大岡昇平（作家）など、錚々たる著名人たちである。

その時はさらに「アカハタへの紙面への批判・意見・提言」を募集、一カ月間に寄せられた手紙は三二五通に上った。その内容をまとめ、「アカハタにのぞむ読者の意見」という特集を組んで発表している。

もう一つ紹介すると、各地の共産党細胞（現在の支部）での討議の紹介も行っている。現在の『赤旗』編集部もやろうと思えば、過去の経験に倣って出来ることである。このような企画が実現したとき、党内に活気ある変化がどれほど起こるか想像してほしい。人間の血液が脈打つように、全党に躍動感が生まれることに相違ない。

提案その二
かつてレーニンが提案した重要政策について、党員へのアンケートを実施する

何でも中央が決める方法を直接民主主義のやり方で問い、党員の意思を明確にして党内の議論を活発化させる。トロツキーは「生き生きとした積極的な党内民主主義の下で集団的経験による集団的認識こそ何者にも増して優れた優位性がある」と語っている（上島・中野・藤井『トロツキーとゴルバチョフ』一六〇～一六一頁）。

これらの提案の実現はその気になれば難しいことではない。何か失うものがあるのだろうか。危惧されることは「行動の統一」が低下する、後退するのではないかとい

う一点のみだろう。しかし私は逆に、この提案によって「行動の統一」のレベルは高まり、党内に力が漲る方向へと弁証法的に発展すると信じる。レーニンの語る「活発な党内民主主義と行動の統一は両立する」という考えに、全面的に賛同する。

ヨーロッパの共産党（イタリア、フランスなど）が崩壊したという情報を知らないわけではない。何故崩壊していったのか。少し乱暴な表現であるが、組織原則としての民主集中制を放棄したことにあると理解している。この原則を手放して「行動の統一」を確保することは出来ない。ヨーロッパの党は大きな歴史的な誤りを犯したのである。レーニンは、少数派、反対意見について多くのことを語っているが、同じように「行動の統一」についても強調していることを忘れてはならない。

提案その三
日本共産党への入党の基準を厳格に徹底する

これによって、新聞を読まないような党員を作らないようにする。入党者の水準の統一性を確保する。又、党員候補という制度を導入し、党員候補が入党条件を満たしたときに入党を認める。

提案その四
共産党の規約の改正を行う

○第三条民主集中制の内容について
　反対論の容認に加えてその扱いを明確にする。発言の場、印刷物の公認、決着は党大会という最終決着の道筋を明確にする。
○党グループについて
　党グループと党中央との意見が異なるときの扱いについて明確にする。指導上の配慮と納得性を大切にすること。

提案その五
統制委員会の全面的改革を行う

中央委員会の下部組織という位置付けから、独立した機関とする。機関の構成役員が兼務することは出来ない。

問題処理の最終決着は、党大会とする。

下級機関・党員からの提案・意見・発言の内容を無条件に公開する。


以上が私の共産党への提案である。

あとがきにかえて

「一九七二年事件」は不思議な事件である。青年同盟を中心にして起きた事件であるが、三桁にこえる党員が調査され、その中の少なくない人間が監禁・拘束・自己批判を求められた。本書の最後に、この不思議な点を整理しておきたい。むろん不思議な事件として終わらせるためではない。解明を求めるためのものである。

その一　日本共産党八〇年史（二〇〇三年）に於いて事件についての記述を全面的に削除した。過去の六〇年史（一九八二年）、七〇年史（一九九四年）に於いては明確に記述されながら何故削除したのか。

その二　事件についての著作が数冊出版されている。それら著作に日本共産党はほとんど論評を行っていない。

その三　日本共産党の最高幹部の一声で、査問（調査・監禁・拘束・自己批判）が開始できるのか。この党のどこに組織の民主主義が存在するのか。

その四　私の事件への関わりは分派グループのアパートに行ったことである。確かに分派グループの考え方と共通する考えがあったことは相違ない。だがそれが処分の対象になる案件か。

以上の四点が事件の核心的な問題点であると考える。これらの解明が事件の本質的な総括に繋がると考える。

この本の構成の中に加えたいと望みながらも私の力不足のために断念した、日本の労働運動に関わるテーマがある。その一つが、一九六四年の春闘共闘全国統一行動における公労協関係四・一七スト中止問題と一九八九年日本労働組合総連合会（全労連）の結成についてである。この二点が労働者にどのように受け止められているか、日本の労働運動にどのような影響を与えているのか分析と評価を行うことである。

もう一つは、日本共産党の国政選挙における支持率一〇％の壁をどう越えていくのかということ。別の機会にしたいと言いたいが、むしろ私の中では心ある人が挑戦してほしいという思いが強い。この二つは極めて重要なテーマであると考えられる。

ロシアのボリシビキ党とレーニンのことを考えながらいつも脳裏に浮かんでいたのは、日本共産党は何故ボリシビキ党とレーニンの思想的理論的な党建設論の分析と研究を行い、それを党建設に生かしていく道を探求しないのかということであった。マルクス主義の研究と分析は理論的に数多く行われている。不破哲三氏の言葉を借りれば、レーニンはマルクス主義の正統な継承者であると語っている。しかし、その扱いは全く無関心と言ってもいい状態に置かれていることも、不思議なことの一つである。このことをここで強く指摘しておきたい。

本書の執筆で感じたことは、日本共産党が現実の日本の政治で重要な役割を果たしていることは、多くの人が認めているところであり、私もその一人である。党建設について、三つの分野での総括を試みた。その歴史から伝わってくるもの、にじみ出てくるものは、これからの日本社会にとって、又世界にとっても、存在しなければならないという、日本共産党組織の重要性である。その思いを深くすればするほど、このままではこの党の未来は大変厳しく暗いということも、又、強く実感した。大それたことかもしれないが、私の提案・提起が、この党の未来のために少しでも役立つきっかけになれば、こんなにうれしいことはない。私の「一九七二事件」の生産的総括はここにある。

最後にこの一文に貴重なアドバイスをしてくれた友人に心から感謝の意をお伝えします。私の一文を楽しみにしていると語ってくれた先輩と友人たちの励ましが、執筆の支えとなった。この場で感謝申し上げます。ありがとうございました。

そして、今は亡き妻といつも励ましと示唆を頂いた先輩N・A氏にこの書を贈ります。

尚、本文中にその著書から引用させて頂いた藤井一行氏（『民主集中性と党内民主主義』）に許諾を得るべく、富山大学や関連する出版社に連絡をとったが連絡がつかず、許諾を頂くことが出来なかったことを申し添えておきます。

＊参考文献

中井作太郎「新しい時代を前にすすめる日本共産党の建設――党づくりの新しい挑戦」『前衛』二〇一七年五月号、日本共産党中央委員会
中沢新一『新版　はじまりのレーニン』岩波書店、二〇一七年
日本民主青年同盟中央委員会『物語青年運動史』〈戦前編〉、日本青年出版社、一九六七年
浜野忠夫『民主連合政府をめざして――党づくりの志と構え』新日本出版社、二〇一五年
藤井一行『民主集中制と党内民主主義――レーニン時代の歴史的考察』青木書店、一九七八年
不破哲三『古典教室』全三巻、新日本出版社、二〇一三年
松岡英夫・有田芳生編『日本共産党への手紙』教育史料出版会、一九九〇年
メドヴェーデフ『共産主義とは何か』上・下、石堂清倫訳、三一書房、一九七三、一九七四年
聴濤弘『ロシア十月革命とは何だったのか』本の泉社、二〇一七年
川上徹『査問』筑摩書房、一九九七年
油井喜夫『総括――民青と日本共産党の査問事件』七つ森書館、二〇一〇年
同『虚構――日本共産党の闇の事件』社会評論社、二〇〇〇年
見田宗介『現代社会はどこに向かうか――高原の見晴らしを切り開くこと』岩波新書、二〇一八年
日本共産党中央委員会『日本共産党史』五〇年史（一九七二年）、六〇年史（一九八二年）、七〇年史（一九九四年）、八〇年史（二〇〇三年）

上島武・藤井一行・中野徹三『トロツキーとゴルバチョフ』窓社、一九八七年
ソ同盟共産党中央委員会付属マルクス＝エンゲルス＝レーニン研究所編『レーニン全集』第六巻、第7巻、第8巻、第9巻、第10巻、第11巻、第33巻、第37巻、第38巻、第41巻、マルクス＝レーニン主義研究所訳、大月書店、一九五三〜一九七三年
ゴルバチョフ『ペレストロイカ』田中直毅訳、講談社、一九八七年
トロツキー『ロシア革命史』全五巻、藤井一行訳、岩波書店、二〇〇〇〜二〇〇一年
トロツキー『トロツキー　わが生涯』上・下、森田成也・志田昇訳、岩波書店、二〇〇〇〜二〇〇一年
トロツキー『裏切られた革命』藤井一行訳、岩波書店、一九九二年
トロツキー『文学と革命』上・下、桑野隆訳、岩波書店、一九九三年
レーニン『青年学生論』日本共産党中央委員会青年学生部編、大月書店、一九七四年

【著者紹介】

久保護（くぼ・まもる）

1940年、兵庫県たつの市に生まれる。

1958年、姫路工業大学附属高等学校卒。

ゴムベルトメーカー勤務3年、団体役員10年、臨床検査所営業職約10年、民間医療機関事務幹部約9年勤務。

1993年、会社設立。薬局、保育、訪問介護の管理運営。

2008年、引退。

著書に『神戸長田で四十年 イネさんの看護物語』（2005年、同時代社）、『リウマチに生きて　5000日の闘病日記』（2010年、合同フォレスト）。

著者…………久保護

印刷／製本……モリモト印刷株式会社
編集／制作……有限会社閏月社

「分派」と呼ばれた男
“新日和見主義”事件と日本共産党改革案

2019 年 2 月 7 日　初版第 1 刷印刷
2019 年 2 月 15 日　初版第 1 刷発行

装本…李舟行

発行者…………徳宮峻
発行所…………図書出版白順社　113-0033　東京都文京区本郷 3-28-9
TEL 03(3818)4759　FAX 03(3818)5792

ISBN978-4-8344-0261-2　Printed in Japan